走进书中，聆听她们的故事

我手捧春风，
　　你恰好到来

林徽因传

朱云乔 著

万卷出版有限责任公司
VOLUMES PUBLISHING COMPANY

图书在版编目（CIP）数据

我手捧春风，你恰好到来：林徽因传 / 朱云乔著. -- 沈阳：万卷出版有限责任公司，2025.1
ISBN 978-7-5470-6522-8

Ⅰ. ①我… Ⅱ. ①朱… Ⅲ. ①林徽因（1904-1955）—传记 Ⅳ. ①K826.16

中国国家版本馆CIP数据核字（2024）第088565号

出 品 人：王维良
出版发行：万卷出版有限责任公司
　　　　　（地址：沈阳市和平区十一纬路29号　邮编：110003）
印 刷 者：辽宁新华印务有限公司
经 销 者：全国新华书店
幅面尺寸：145mm×210mm
字　　数：150千字
印　　张：7.5
出版时间：2025年1月第1版
印刷时间：2025年1月第1次印刷
责任编辑：朱婷婷
责任校对：张　莹
装帧设计：马婧莎
ISBN 978-7-5470-6522-8
定　　价：39.80元
联系电话：024-23284090
传　　真：024-23284448

常年法律顾问：王　伟　版权所有　侵权必究　举报电话：024-23284090
如有印装质量问题，请与印刷厂联系。联系电话：024-31255233

优雅是一种力量,它能强悍地抵过命运的风雨,亦能温柔地打动人心。因此,一代才女林徽因赢得许多人的青睐,她的身上仿佛总是带着春天的气息。她出身名门,年少多才,行走欧洲,见识广博,写得一手好诗文,对建筑学也独有见地。

在静好的年华里,这个不凡的才女,遇见了不凡的爱情。浪漫的诗人给她花火一般的浪漫情感,温柔的伴侣给了她一生最暖的陪伴,执着的情人更是深情而孤独地守望着她一生幸福。女子的美好,女子的梦想,已然被她演绎到了极致。

那些极致而精彩的点滴,都将在书中一一展示。而她纯净而高贵的灵魂,将在你合上书页时,留在心底。

序言

　　哪个女人不想温柔如水、貌美如花,把生活过得如诗如画。可是生活往往给予我们一段平凡的人生,饮尽世事的无奈与繁杂。

　　如今,虽然我们投身生活的洪流,却不曾忘却那最初的梦。于是,当历史的画卷里隐现那一抹优雅的身影,许多人会不自觉地爱上她。爱她的才情,爱她的美丽,爱她的温柔。她成就了一个女人幸福的理想。

　　她是民国画卷里一抹婉丽的倩影,她有一个诗意的名字,林徽因。

　　她生于名门,聪慧可人,自幼备受荣宠,父母教导有方,接受了西式教育。年少时,随父亲多方辗转,又游历欧洲,而在那里也遇见了一场浪漫的缘分。

　　那时的林徽因,已是十六岁的娉婷少女,那时的徐志摩是翩翩学者。异国他乡里，他们上演了一段浪漫的故事。他们畅聊文学，畅谈梦想，畅想人生，他们走过了伦敦的大街小巷，一起浸润过海港边的和风细雨……她成了他"波心的一点光"。不管那一段时光是否称得上爱情，不管最后它被怎样定义，对于林徽因来说，徐志摩是她生命中的奇遇。他眼中灼热的光华，让她的生命升华出更多的芬芳。

所有浪漫总会被理智没收，传奇也终将在现实里散场。已有婚约的林徽因，最终离开了有妇之夫徐志摩。可不管怎样，那一段时光，都点亮了彼此的生命。

人生路上，总有一个人，会陪伴你到老。林徽因的那个人，便是梁思成。命运让他们在对的时间相遇，也成全了彼此幸福的人生。他们一起远赴西洋，一起进修学习，一起为维护古建筑奔波。这相濡以沫的陪伴，是最温暖的爱。而对于梁思成包容的爱，林徽因也用一生，给了他一个最好的回答。

美好的女人，总是惹人爱怜。深情的金岳霖亦是林徽因人生中不得不提的重点。他无悔而平静的爱，时至今日，仍让人动容。安静的守望，是他对她的深情。

一个怎样的女人，才能让三个卓越的男人深爱？相信，那绝不仅因为她的才情诗意、建筑上的成就、姣好的容颜，而是一种精神世界的纯洁和美好。

当时光的湖水洗去尘世浮名，你会发现，心存幸福、向往美好的女人，都是值得深爱的天使。

目录

序言　　　　　　　　　　　　　　2

第一章
飞扬年华——有一种绽放叫青春

　　传奇·等一个芬芳的开篇　　　003
　　温情·父爱如暖茶　　　　　　010
　　成长·在岁月里捡拾一串故事　015
　　娉婷·不负盛放年华　　　　　020

第二章
此情可待——遇见一场风花雪月

　　遇见·华丽的情缘　　　　　　029
　　情愫·装满生命的渴盼　　　　035
　　遗憾·我们终将在现实中走散　041
　　永恒·爱与痛浇铸一段回忆　　047

第三章
心有灵犀——错过，只为遇见对的你

　　君子·瞥见你翩翩风雅　　　　057
　　恋歌·给你最暖的陪伴　　　　063

欢歌·点点滴滴皆欢愉　　069
　　远行·万水千山永不失散　　075

第四章
诗意芳年——一身诗意千寻瀑

　　真情·幸福追赶流年　　083
　　守候·岁月给你爱的回音　　089
　　梦想·追逐一束自由的光　　095
　　芬芳·你我终将携手同行　　101

第五章
跌宕情缘——平静中卷起爱的波澜

　　风景·证明我们的痕迹　　111
　　惊艳·谁把你的容颜印在心上　　117
　　成全·爱与痛妥协成一种成全　　124
　　无奈·谁爱这不息的变幻　　130

第六章
起承转合——逃不开的人间悲欢

　　永远·深藏一段刻骨铭心的爱恋　　139
　　伤逝·给我一个叹息的结局　　144

静默·把时光结成一个谎言　　151
　　平静·岁月都已黯然　　158

第七章
坎坷岁月——投身时代拥抱河山

　　钟爱·寻找人生永恒的印记　　167
　　辗转·寻访历史的痕迹　　174
　　得失·勇敢是一种收获　　181
　　坚守·给时光一个美好的理由　　189

第八章
永恒芬芳——万古人间四月天

　　温暖·抗拒岁月苦寒　　199
　　静默·微笑洗去时间的残酷　　205
　　告别·为历史镶嵌一颗温柔　　211
　　徽因·你是爱，是暖　　218

后记　　224

第一章

飞扬年华
有一种绽放叫青春

命运的船划过悠然岁月,载着一船成长的故事,缓缓划向未来。转眼间,美丽的徽因已是豆蔻年华,出落得亭亭玉立。她明亮的眼眸顾盼生辉,惹人生怜;她美丽的脸颊犹如桃花,让人陶醉。她浑身散发着青春的清甜,她的笑容里,藏着一个温暖的春天。

传奇·等一个芬芳的开篇

儒家言"修身、齐家、治国、平天下",墨家道"治天下之一国若治一家"。家,让人们魂牵梦萦的归宿;家,一个浓缩的袖珍的国度;家,承载着几代族人的兴盛与衰亡。

林府的宅子,是林长民的父亲荣归故里时置办的,算得上杭州上数的府邸。院外是绛红色的墙皮,斑驳中不失大气,院墙上有精致的雕花,琉璃瓦的光芒在日光的照射下耀着世人的眼。府邸外绿柳环抱,流水绕墙,老话儿讲,宅子的风水是极好的。院内佳木葱茏,清流涓涌,生长得都越发苗壮和茂盛。

进院的大门很是富丽堂皇,大堂之内的朱漆方台,周遭墙壁上悬挂多幅名人的法帖,数十方宝砚横陈在白玉镶嵌的桌台上。书山笔海,徜徉其中,修身齐家的家传祖训,书香门第的优秀传承,无一不震撼着每一位到访的宾客。

> 秀玉初成实，堪宜待凤凰。
> 竿竿青欲滴，个个绿生凉。
> 迸砌防阶水，穿帘碍鼎香。
> 莫摇分碎影，好梦正初长。

林家家长林孝恂是进士出身，历任官职于浙江金华、孝丰、仁和等地。育有五双儿女，皆为众星捧月之才子佳人。

长子林长民，久居此宅，深得天时地灵人杰之灌溉，年少时便显示出超凡脱俗的修养和学识。在父亲的栽培下，林长民早年考取秀才，但他早已远瞻近代中国之剧变，所以决定放弃科举之路。在两位洋老师的谆谆教导之下，他苦学日文和英文，为自己的求学之旅做好了充分的准备。

光绪二十三年（1897年），林长民远渡重洋，在日本早稻田大学完成了他人生的华彩蜕变。独身日本求学的漫长岁月，求知若渴、出类拔萃的他成为日本留学生中公认的明星人物。热心公益、乐于助人；善言雄辩、文采卓越；胆识过人、能力超凡；生活的点点滴滴都描摹着他不平凡的人生轨迹。在东瀛人的眼里，林长民也变成了耀眼的异类，更成为优于本土青年的佼佼人才。

林长民的求学经历让他更加清楚地看透了中国的不堪现状，更加清晰地了解了中国未来的发展。尼采笔下超人般的英雄，一个真正能够变革社会的勇士，是林长民立志努力的方向。回国后，他义不容辞地加入了国民政府在时代的斗争旋涡中，投身于好男儿立志天下的宏图伟业。

叱咤政坛的真英雄，在家中却少了此番辉煌的境遇。林长民的原配妻子是指腹为婚的大家闺秀，夫妻间相敬如宾却淡了许多的恩爱缠绵。无奈妻子膝下未能生得一儿半女，林家又为儿子续弦了小家碧玉的何家幺女——雪媛。这女子甚是普通，丝毫没有过人之处，尚有一丝容貌，却抵不过林家纷扰的生活，也只能平凡孤寂地过一生。何雪媛是极为守旧的旧时女子，一成不变的发髻，裹得紧紧的三寸金莲，永远怯懦的语调和卑微的姿态，让她在林家并不招待见。但这个名字，却在嫁入林家的第八个年头深深地烙印在家谱之中，只因她诞下一个天资聪颖、旷世奇观的女子——林徽因。

"毕竟西湖六月中，风光不与四时同。接天莲叶无穷碧，映日荷花别样红。"女子若生于西湖畔，便汲取西湖雨露的滋养，沐浴江南日光的温暖。用诗筑成身躯，用画绘出面庞，西子岸边的垂柳摇摆成秀发，钱塘江潮的波澜荡出微笑。此女可谓天上有，飞入人间万花丛。

林徽因，便是这样的女子，带着一世的奇幻和迷离降临于世。念西湖，龙井香茗，曲苑荷风；听晚钟，侧盼沐雨，柳浪闻莺。山外青山楼外楼，生命的灵动诞生于此，哪怕就此安眠，也是一种永恒的美丽。

碧柳成妆，娇花斗艳，往来繁华，笑靥徜徉，林府的老宅子里好久没有这番明媚的景致了。八年时光，荏苒翻腾，林长民的心总是在不经意间期待着林家新生命的降临，垂泪低眉，却喜不胜收。

这一日，东方的天空微微泛起层层的金色，透过弥漫的晨雾可以嗅到来自天际的芬芳和温暖。林长民早早地起身踱步院中，他久久不能平静，内心期待多时的生命即将降临，让他细细品咂着初为人父的稚拙和感动。朝霞的蜕变一丝丝牵动着林长民的心，此刻的他，目光所及之处便是那遥远东方的一抹希望。仿佛，这即将降临的婴儿，已幻化成那升腾而起的一轮红日，那么耀眼，那么炽热，那么醉人心脾。

刹那间，万簇金箭似的霞光，从云层中迸射而出，那些浸透在霞光里的云朵，绯红转向鲜红，在晨风的轻抚下，渐渐飘散开来，徐徐地拨散了天地间柔软的雾帏，整个视线豁然开朗了。"哇哇哇——"几声结实而饱满的啼哭声，划破了清晨寂静的院落，林长民长长地嘘了口气。等待的窃喜和煎熬让人无法捉摸，又挣扎其中。

说话间，婴儿已被抱了出来。远远地，只见奶妈抱着一个绛紫色的罗缎襁褓，精致的被面儿上绣着金丝勾勒的花式，被角儿上还系着一段浅色的流苏，随着步伐的走动左右摇摆。林长民迫不及待地把婴儿抱过来，这个柔弱的小生命，在父亲的怀抱里绽放出童真的色彩。林长民在得知婴儿性别的一刹那，有了些许的不快和失落，但转而被这美丽的面庞深深地吸引了。

这孩子虽刚降生，却没有哭闹不止，两只眼睛紧紧眯缝着，细长的一条眼际,看得出眼睛应该颇为灵动。耳朵贴附在脸颊两侧,耳郭鲜明而红润,呼吸匀称声声入耳。肉嘟嘟的小脸儿,吸收着太阳的光芒,仿佛透明的琉璃,交相辉映。下唇微薄,随了林长民的样子,定是个嘴上伶俐的人儿。掀开被角儿,雪白的肌肤上有透明纤细的毛发,像一块刚出胎的璞玉,那么晶莹剔透,林长民只轻触一下,便觉周身涌上一股暖意,这便是做父亲的宿命吧。

这个林家期待已久的孩子,在六月的光芒中迎来了自己的一生华彩的开篇。她的降生让林家的院子里多了一份生气和喜悦。虽然林长民的母亲对这个女孩儿兴致索然,但林长民,却在日日的呵护中越发地喜爱这个女儿。在思忖多久之后,祖父林孝恂借用《诗经·大雅·思齐》中的一句话"大姒嗣徽音,则百斯男",来赐名为家族带来传承的孙女。"徽"为美,"音"为声誉,"徽音"即为美德、美誉。有了美德美誉,家族定能多子多福,这是何等期盼。几年后因"徽音"同当时一个小有名气的男性作家有重名之嫌,遂更为"林徽因"。

林徽因的母亲并没有多少文化,女红也不甚优秀,所以对林徽因的传授和教诲大多来自父亲林长民。幼小的孩子很是爱笑,说话间总流露出孩童的天真烂漫。素日里在父亲大人的陪伴下,读了很多诗书,在空闲的时间里,享受着美好的天伦之乐。林父的官阶越做越大,闲在家中的时间便越发地少了。林徽因从5岁起,生命中另一个女性的出现,让她在启蒙阶段能够继续策马前行，渐行渐远，这就是她的大姑母林泽民。

林孝恂的大女儿林泽民，虽谈不上才富五车、学贯中西，却也颇有文学造诣，对诗词研究小有心得。作为林徽因的启蒙老师，大姑母林泽民对林徽因的栽培是恩威并施、管教有方的。在7岁时，年幼的林徽因便可以出口成章，诵读自如，同时还写得一手好字。在家中，才情凸显的小小女子，成了全家人书信往来的首席执笔者。

早年的生活痕迹，似一江春水一般逝去便不复返，流传于世的文献中，极少有记录这些生命最初的印记。在日后林徽因的一篇散文中，偶有提及年幼时的一次往事，6岁的小徽因，起了"水珠"，也就是如今说的水痘，可这美妙的名词，却让林徽因忘却了疼痛，满脑子想的尽是"晶莹的水珠""娇嫩的灵动"，每每被问及是否出过"水珠"，林徽因幼小的心灵总是充满了莫名的自豪。这足以看出，在林徽因灵魂里，已然住着一个诗情画意的奇女子。林徽因同父异母的弟弟在回忆自己的姑母时说过，"大姑母比父亲还长三岁，为人忠厚和蔼，对我们姊妹兄弟胜似亲生母亲。父亲不在时，皆由大姑母敦促，林徽因更是受到了严格的教育"。

吾家有女初长成，在一年一岁的递增中，林徽因出落得越发清秀标致，皓肤如玉、笑靥如花，眼如点漆、清秀绝俗。才情容貌的出众，让她博得了更多来自父亲的关爱；聪颖好学的品性，使她享受了无微不至的呵护。

年纪轻轻的她，有着非一般的成熟思想，心思缜密，行为严谨，这虽与伶俐聪明的头脑有关，但更多的是来自家庭的熏陶和影响。林徽因幼年时光，追根溯源一直是矛盾和挣扎的。一方面，她要在父亲面前展露精明可爱的童真；另一方面，又要应对母亲郁郁寡欢的生活。

林母的生活，拮据、清贫、无人问津。在偌大的宅子里，后院的凄凉是连仆人们都说得出原委的。这样不得人心的侧夫人，得不到丈夫的怜爱，满眼是婆婆的鄙夷，生活的困窘是可想而知的。在母亲的阴影下，林徽因内心的沉重远远超出了年龄的负荷，许多时候，她习惯了独自一人，在院府西北角的木楼上凭栏远眺，看云卷云舒，看花开花谢，看满眼慌乱的人们过着或优雅或卑微的生活。仿佛一切都与她无关，有的只是一个看客的伤春悲秋，亦暗藏更多的无奈和感伤。

多年之后，在林徽因的小说《绣绣》中，可以看到女主人公绣绣的经历，那个乖巧的女孩子，生活在不幸的人家中，有一个同样羸弱无能、孤僻自怜的母亲。绣绣在心底大声地呐喊出对父母的爱恨交织，以及爱莫能助的悲凉。这不正是林徽因在那段孩提时光不可抹杀的记忆吗？

值得欣慰的是，林徽因的这种成熟，在同龄孩子中显得颇为出色，这让林府上下都对她刮目相看。适龄的林徽因，在父亲的操办下，进入虹口爱国小学学习，这在很多女孩的生命中是不曾奢求的经历。从此，一生的传奇，等来了一个芬芳的开篇。

温情·父爱如暖茶

父爱是杯浓茶,入口虽味苦却在细细的斟酌后方能体会得到那份与生俱来的香醇;父爱是盏路灯,灯火虽阑珊却能在最黑暗的子夜指引归途的方向。

在旧时,不论贵贱贫富,家庭当中皆由女子操持家事,子女在家中的训教也基本都来自母亲,但凡出得了厅堂、入得了社会的佳人名媛,都有一个贤能出众的母亲,但林徽因却从未有过这样一个贤能出众的依靠。

在林家,父亲林长民对她的影响和指引都是无人企及的。这位民国初年蜚声士林的书生逸士,在投身政坛后,成绩斐然。倡言宪政、推进民主,作为当时改革派的先锋人物,林长民的政绩成效卓越,也得到了更多人的赏识。如此一来,琐碎繁杂的公务越发地侵占了他的生活,林长民更加渴望偷得浮生半日闲的悠哉与惬意。

林徽因的母亲地位卑微，林长民本对此房心无牵挂，鲜有问津，但林长民对女儿的喜爱，却与日俱增。尤其是每日烦扰公务之后，家中有此颖悟绝人、兰心蕙质的女儿，更是难得舒心。

望子成龙、望女成凤，是每一个父母的愿望。作为林家的三代长女，林徽因自幼便被家族寄予了厚望，而她也没有辜负家人的希冀，破茧成蝶，诗文歌赋件件出众，琴棋书画样样精通。林徽因靠着三分天才、七分努力，让父亲林长民刮目相看。

对林徽因的教育父亲向来是事无巨细的，严苛却并不教条，他积极鼓励女儿的自我发展，这种欧化的教育理念在当时是极为进步和新潮的。在林徽因六七岁的时候，时常奔波在外的父亲便用平等的态度和她书信往来，让女儿幼小的心灵对父亲的感觉少了几分惧怕和敬畏，添了更多的亲近和敬仰。

这些书信现在几乎无从考证了，所幸林家后人保存了少量的原件。记得曾经看到过这样一封，是林长民写给女儿的回信：

徽儿：

知悉得汝两信，我心甚喜。儿读书进益，又驯良，知道理，我尤爱汝。闻娘娘往嘉兴，现已归否？趾趾闻甚可爱，尚有闹癖（脾）气否？望告我。

祖父日来安好否？汝要好好讨老人欢喜。兹寄甜真酥糕一筒赏汝。我本期不及作长书，汝可禀告祖父母，我都安好。

父长民三月廿日

只言片语的信件，无不透露着父亲对女儿的喜爱，信中的语气和内容，谁又能想到这是个年仅六岁的幼童呢？视女如子的待遇让林徽因获得了更多的教育和求学经历。在八岁时，父亲为其安排去正规的小学读书，在系统地接受了中国传统文化理念的基础上，林徽因在学校中接触到了更多的洋务学派，春风沐雨般的思想解放让林徽因的视野更加开阔，目光更加远大。

出落得亭亭玉立、落落大方的林徽因，备受父亲疼爱，他总是想将这个掌上明珠带在身旁，相伴左右。1916年，林长民因公务变动，从杭州辗转来到北京。林长民把林徽因接到了北京，并为其安排进入京城口碑载道的培华女子中学读书。培华女中是西洋教会筹办的贵族式学校，教风严谨、学风端正，学生们无不出身名门、大家闺秀。林徽因和表姐妹们在入学后，很快便脱颖而出。

1916年的一张珍贵照片流传至今，照片里便是就读培华女中时期的林徽因和稍大几许的三位表姐。统一的中式烫绒上衣，八分的袖口卷着白色的宽边儿，衣襟儿旁用白色绢线做出了好看的弧度。裙子是西式百褶过膝款，颜色砖红偏灰，大方得体又清秀灵动。黑色的裤袜是纯粹的舶来品，配上精致锃亮的黑色牛津平底皮鞋，乍看去甚是袭人眼球，形成一道别致的风景线。在当时的北京城，这样打扮的时髦少女并不多见，林徽因便成为其中的佼佼者。在后来表弟的回忆录中，对这样几位魅力四射的妙龄少女在当时引起的轰动，也无不表现出羡嫉和赞许。

原本就聪慧过人的林徽因，在这一方充满知识朝气、讲究进步文明的新天地里，热烈地汲取着每一分给养，英语水平突飞猛进，启蒙思想与日俱增，文学素养更上一层楼。此时的林徽因仿佛从禁锢中放飞出来的金丝雀一般，自由地徜徉于山林乡间，吮吸自然的气息，沐浴七彩的朝霞。在家中，林徽因也时常帮助父亲做一些力所能及的事情，整理书籍、书写信件，甚至是处理简单的公文。趁父亲远游日本公差之际，她将家中收藏多年数量可观的字画取出，细致入微、分门别类地进行归纳整理，汇编成收藏目录，虽然编纂并不成熟，但心思却十分难得。

在寄给父亲的家书中，她这样写道："徽自信能担任编字画目录，及爹爹归取阅，以为不适用，颇暗惭。"林长民阅后也甚是喜悦和欣慰，这也更坚定了他全力栽培林徽因的决心。此次出行日本，林长民本是打算将徽因带在身边的，可是种种原因使然，未能如愿。所以，在给女儿的回信中，他这样写道："每到游览胜地，悔未携汝来观，每到宴会又幸汝未来同受困也。"幽默亲切的话语，字里行间流露出对女儿的喜爱和牵挂。

真如人们常说的，女儿是父亲前世的情人，而这林氏父女之间的感情更是涓涓如流水、声声如雀鸣，让人唏嘘感动。

回国之后的林长民，在日常公务闲暇时光里，总是少不了林徽因的陪伴。他将这位掌上明珠时刻带在身旁，徜徉于名流佳媛之间，游走在达官显贵之中，林徽因的容貌娇艳、谈吐优雅、学识广博、举止得体，不知不觉在京城的交际圈中声名鹊起。而此时，林父已经开始暗暗地思忖起了女儿的终身大事，人选的定夺是极费心思的，也让林长民下了不少的功夫。

林长民和当时叱咤风云的启蒙先锋、政坛领袖梁启超先生是同僚也是旧友，二人交好多年，在私下的往来沟通中便萌生出了天作之合、联姻结亲的想法。这林、梁两家本就是门当户对，又多了这一层挚友情谊，若能亲上加亲，岂不遂了林父的意愿，也了却了他一桩难解的心事。

1918年，林长民从日本公干回来，很快便着手操办着让林徽因和梁启超之子梁思成见面了。严谨聪明的两家父亲，秉承着西方的自由主义婚姻观念，没有乐呵呵地挑明主题，只是开明地由着两个年轻的人儿自由地相处，随意地发展。

这一段旷世的情缘，由此也便拉开了帷幕。命运从此埋下了一粒晶莹的爱之种，待春雨滋润、阳光普照之后，盛放出娇艳芬芳的花朵。在时光的隧道里，百转千回，两颗牵绊的心灵在未来的某一天会再次相遇，从此执子之手，与子偕老，谱写一段可歌可泣的爱情传奇……

成长·在岁月里捡拾一串故事

命运的船划过悠然岁月,载着一船成长的故事,缓缓划向未来。转眼间,美丽的徽因已是豆蔻年华,出落得亭亭玉立。她明亮的眼眸顾盼生辉,惹人生怜。她美丽的脸颊犹如桃花,让人陶醉。她浑身散发着青春的清甜,她的笑容里,藏着一个温暖的春天。

这个美丽的女孩,备受父亲的疼爱,他总是想将这个掌上明珠带在身边。1918年,他本想在去日本之时,将女儿带在身边,可是种种因由,未能如愿。他的心中却始终牵挂着女儿,仿佛女儿真的是父亲前世的情人,有割舍不断的牵念。

而在此之前,父亲已经开始为女儿考虑终身大事。林长民和梁启超曾一起在段祺瑞的政府供职,两人多年交好,便萌生了两家结亲的想法,而若能促成这样一段好姻缘,对两家人来说，算是一桩完满的好事。所以，林长民从日本回来时就安排林徽因和梁思成见面。

两位聪明的父亲并没有明言他们的关系，怕孩子心生反感，只是希望自然而然地培养起两人感情。所以，在两位父亲的撮合下，林徽因与梁思成见面了。

那时的林徽因仅仅十四岁，还是一个稚气未脱的青春少女。当梁思成推开门，第一眼见到林徽因时，就被眼前这个美丽的女孩深深吸引了。她的双眸里充满了神采，她的笑靥里装着不一样的清甜，如同仙子一样。而那时的梁思成亦是一个儒雅的少年，风度翩翩。他们在一起欢笑着聊天，都为认识新朋友而感到高兴。虽然当时，他们并未想到遥远的爱情，但却给彼此留下了深刻的印象。

命运从此时埋下了一颗缘分的种子，待到缘分盛放出娇艳的花蕾，他们将会在重逢里，开始一曲美妙的恋歌。

一场青春的相遇，一次短暂的交集，他们转眼间便又转向了各自的生活。1920年，芳菲的春天拉开了一段美妙的旅程。这一次，林长民远赴欧洲考察，他终于如愿带上了自己的宝贝女儿林徽因。他希望通过这一次欧洲之行，能够让女儿增长见识，开阔胸怀，拓宽眼光。他希望自己的女儿成为一个有灵魂有思想的人。

很快，父女两个登上邮轮，满载着一船的思念和期待，驶向大洋海岸。当海风拂面吹来，林徽因在邮轮上向远眺望，茫茫的大海，给了她一种前所未有的浩渺之感，她深受震撼。这是她第一次坐邮轮，她知道，这个偌大的世界，还有她未触及的精彩。而这艘大船，一定会将她带向不一样的未来，暗暗地，她心中埋下了更多神秘的期待。

大海不仅仅给了林徽因壮阔的感慨，也给她带来了眩晕的困惑。邮轮在大海上行驶了两个多月，每日里，林徽因看见的都是汹涌的大海和宽广的蓝天。日夜兼程的海上之行，让她慢慢觉得，整个世界仿佛都在摇晃。在着陆后的好一段时间，她仍有一种挥之不去的眩晕感。

五月，父女两人来到了法国，短暂流连后又去了英国伦敦。八月上旬父女两个又开始漫游欧洲大陆。巴黎、日内瓦、罗马、法兰克福、柏林、布鲁塞尔等城市都留下了父女两人的足迹。西式的风景、异域的风情，都给她带来了深深的震撼。每一座城市，都有着自己独特的美感，每一次的参观，也都给林徽因带来了不一样的感受。古老而迷人的欧洲，深深地吸引着这个青春的少女。而她像一块海绵一样，贪婪地吮吸着欧洲各地的文明，来充盈自己生命的能量。

一座座陌生的城市，带给她无数新鲜的信息的同时，也带给了她无尽的孤单和思念。她远离祖国，身边除了父亲便无人陪伴，而父亲又经常在外演讲。所以在异国他乡，她孤单一个人，总是感到无所适从。

美丽的女孩，常常一个人依偎在壁炉旁边，手捧着一本本书刊，与文字为伴。可她的心总是会不自觉地陷入思乡的情绪之中。她常常会回忆过去校园里的点点滴滴，每日里都有朋友陪伴，他们可以畅谈文学，每一次交流都充满了欢声笑语，那让她感觉生命充满了力量。

每逢孤独的阴雨天，她的心中也蒙上了一层淡淡的忧伤，她曾这样描写道："我独自坐在一间顶大的书房里看雨，那是英国的不断的雨。我爸爸到瑞士国联开会去，我能在楼上嗅到顶下层楼下厨房里炸牛腰子同洋咸肉的味儿。到晚上又是在顶大的饭厅里独自坐着，一个人吃饭，一面咬着手指头哭——闷到实在不能不哭！"无人问津的少女，不禁让人生怜。

有时候，家里也会来一些客人，这是林徽因最开心的时候。因为父亲林长民交友广泛，所以在国外有时候会有同胞来访，这时候，林徽因就负责接待父亲的客人。她本就是个热爱交际的姑娘，接待客人自然是游刃有余。而这位端庄的少女，也给客人们留下了深刻的印象。而在这些社交活动中，林徽因也结识了不少社会精英，与他们的交流更是给林徽因带来了深远的影响。

也许，林长民注意到了女儿的孤单，他聘请了两名教师，教她英语和钢琴，让女儿的生活过得更充实一些。她的英语教师叫 Phillips，是一位英国人，林徽因很快和 Phillips 成了朋友。时间久了，他们相交更深。Phillips 便把林徽因带入了她的生活圈子，认识了她的亲友。这样让林徽因有机会更加深入英国民间生活。多年后，每当她回忆起 Phillips 时，心中都倍感温暖，也会忆起 Phillips 给的可可糖的香甜。

她像一只翩跹的彩蝶，灿烂地炫舞在大洋彼岸的天空之下。这一段异国的岁月，她见识了不同的文化，收获了更广博的知识，也收获了心灵的成长。时光在她的身上，收敛起残酷，甘愿变成一个伟大的雕塑家，凝聚力量，为她雕琢青春，雕刻优雅。

娉婷·不负盛放年华

一卷诗书一卷梦,一盏清茶一盏魂。天光熹微,投落一袭江南山水,浸润在烟光里的风荷从容舒展,其间眉目淡雅如画。黄梅肥美的时节,阁楼窗棂总是湿透的,柔润的潮气里,有水木的清芬,清瘦如一阕宋词。

故乡江南的雨,在林徽因的梦里,依稀是如此。

她隔着千万里的辽远,怀念起故乡的雨季时光,而此刻,伦敦亦是烟雨蒙蒙。这座城市,有一个别名叫"雨雾之都",于是,这里的天气,若非晴光潋滟,便是雨色潇潇。雨天的时候,林徽因时常坐在火炉旁,翻着一卷卷或厚重或细巧的书,任由文字渲染她的清愁,将孤独寂寞排挤出心头。

她读维多利亚时代的古典小说,读勃朗宁和霍普金斯的诗歌,也读萧伯纳的剧本。指尖轻轻掠过泛黄的纸张,圆润字体翩跹跳跃，像蝴蝶，也像窗外淅沥飘落的雨点。她的眼前，如神灯照亮了一个璀璨世界，窸窸窣窣的是中世纪贵妇人们优雅裙角，衣香鬓影，花月皎洁，烈酒冲淡玫瑰香气，一举一动、一笔一画都是别有洞天。

原来大相径庭的，不只是两地的雨。

其实早在国内时，林徽因就已读过这些作品的中文译本，其中不乏像林纾这样的大家翻译的作品，然而此刻在伦敦的雨季里亲身拜读原著，方知有些精妙奇趣的精髓，会在文字的转换过程中悄然遗失。她庆幸培华女中给自己打下的坚实基础，不仅令她极快融入了伦敦，毫无障碍地沟通和交流，还可以亲自领略英文原著的风采。那些文字就像是一双双神之手，在她的心上奏起了美妙的和弦——少女的玲珑剔透的心，和文学的撞击，交织出了一首华美无比的乐章。

天气晴朗时，林徽因会跟着她的女房东，一起去伦敦郊外踏青。人间四月，伦敦亦是满城芳菲，杨柳翠了河流，阳光点金了草面，粉色的娇小花瓣绵延了一片城池，黑发的中国少女背着画板，她的背影清瘦而窈窕，头上一顶小洋帽光芒柔和，行人匆匆而来，匆匆而去，可谁都未曾投过一瞥，目光流连，为这位美丽的少女。

女房东是一位现代女性，自有一份职业，是一名建筑师。她酷爱剑桥一带的风光，那里也是她带林徽因去得最多的地方。

总有那么一个地方，总有那么一个瞬息，流转之间，仓促相逢，却带着席卷一切的汹涌力量，令你明白，原来什么才是自己心中最想要的。这个地方，未必正确；这个瞬息，未必恰当。于是便有了那么多错过，便有了那么多感叹——为何就不能在对的时间里，遇上对的事情。

而林徽因和建筑，便在剑桥这个地方，乍然一相逢，便成为此生魂梦相依。她去过许多地方，山山水水，风风雨雨，海内海外，可从未有一个地方，如剑桥那样令她怦然心动，她还不晓得初恋是什么滋味，可那种酸甜又刻骨的感觉，大约就是这种奇怪的情感了。这里的河流，这里的拂柳，这里的朝霞和流云，恍若都是有生命力的存在，可以活生生地实实在在地嵌入到灵魂深处去，教人不敢忘记。

林徽因更无法忘记这里的建筑——一个词似乎叫作"鬼斧神工"，这个太过冷峻的词放在这里是多么恰如其分呀！霞光漫天下掩映着恢宏华丽的皇家教堂，十字架庄严且巍峨，凛然之外又别有慈柔。不远处的皇家学院连绵成一片，安静温柔，像是一位美少年，持一把小提琴站在云端。稍远一点儿的图书馆楼上，是一座拜伦雕像，意气风发的诗人目光沉定，凝视着遥远的远方，那天地融为一体的一线。

她的心里，仿佛忽然之间被震撼了。这是一种怎样的力量？有关生命，有关艺术，也有关整个繁华的世界。她懵懵懂懂，女房东说："亲爱的，你要知道，建筑就是这样与众不同的东西，建筑师和盖房子的人，是不一样的。"

面对被晚霞染红的屋顶，听着教堂里悠远的钟声，林徽因记起幼时在祖父处看到的那些水墨画，枯藤老树昏鸦，小桥流水人家，行走的旅人和房梁外的炊烟都是自然中一道景致，寥寥数笔，却已描摹一个浩然意境。

这位灵心通透的少女始终都知道，人类是渺小的，在大自然的怀抱中，人同一朵花、一片山岚、一颗闪闪星辰，并没有本质区别。可流转数个国度之后，她却在这个叫作剑桥的地方，蓦然回首，发觉人类原来还可以以如此美丽的方式，在大自然中镌刻上属于人类的印记。而这个方式，就叫作"建筑"。那原来不仅仅是遮风挡雨的场所，更是一种艺术，一种美。或许，那时的林徽因，还不知道未来的自己将会走上一条怎样的道路，将会长成怎样美丽动人的面貌，将会拥有一个怎样晶莹灿烂的天地，她青葱如水晶的心里，只隐约有一个模糊不清的答案。

怀着这个模糊答案，在1920年的9月，又一个硕果丰收的季节，林徽因考入了圣玛丽学院（St. Mary's College）。在这所学院里，林徽因如一株来自东方的莲花，亭亭净植，皎洁盛放。这朵洁净美好的花，开在了伦敦的雨季里。此地，此时，她出落成清秀姣好的女子，有一些只光片影被摄入胶卷中，冲洗，影印，留在历史里，被惊叹、惊艳，抑或被质疑、否定。但，林徽因的美丽，在当时却是从从容容的。

有一位美国女孩这样形容她的美丽：一位高雅的、可爱的姑娘，像一件精美的瓷器。在外国人眼中，或许最能够形容中国之美的便是瓷器，以高贵瑰丽的瓷器来描摹林徽因的美，是那样恰当，正是"多一分则太肥，少一分则太瘦"。

当时的林徽因，并未意识到自己的美丽。像真正的美人儿，大多不太会关注自己的容貌。有人赞林青霞的脸，是百年难得一见的美丽，而中学时代的林青霞，却只觉得自己的同学长得好，反而对自己的容貌有些自卑。而林徽因，她的关注点也并不在此。

父亲林长民是忙碌的，十天半月见不着他的身影，对于林徽因来说，是常有的事情。父亲不在的时候，尽管她可以读书，可以画画，可以跟两位家庭教师学习，然而，她的小小世界，有时候依旧会感到一种难以言明的寂静冷清。都说少女情怀如诗，可她如诗的岁月里，怎么可以只有微温的炉火，映亮一张美丽而落寞的脸，拉长一道细瘦的孤影？

伦敦的雨总是下得没完没了，湿漉漉的地面，灰蒙蒙的天空，她的心里，渴切地盼望着有那么一只雪白的鸽子，像闪电一样划亮灰色的天，也划亮她孤寂的心。十六七岁的年纪，如花绽放的时光，若不相逢，若不驻足，若不璀璨地闪亮一场，平生漫长，该以什么来点缀怀念——她也像所有这个年纪的女孩子一样，做着漂亮发光的梦，温柔浪漫，或邂逅或相拥的梦，这些梦里，都有樱花的颜色和玫瑰的馥郁。

爱情，浪漫……烟雨红尘，紫陌千丈，谁会出现在她的生命里，如骄阳十里，炙热她雨季的生命？谁能牵起她的双手，如千年寻觅之后,成为她可以终身倚靠的肩头?水烟润透的玻璃窗,一片漫漫朦胧,她透过窗,目光迷离,等待着一场宿命的相逢。她还需要等待多久?是一寸日光的翩跹?是一次蝴蝶的展翅?还是一瞬天地注定的回眸?

第二章

此情可待 遇见一场风花雪月

　　她在这盏心灯照耀下,看见了一个新的世界,一个偌大的、充满了梦想和新生的世界。这时,对于那双拉起她的手,她是感激的、信赖的、喜欢的。可若是一生一世就这样走下去,她没有想过,会有怎样的未来——这条路的尽头,是漫天烟火,还是灯影寥落?

遇见·华丽的情缘

垂肩的两条麻花辫，黑得沁出油墨的芬芳，明眸低垂、皓齿灵动，纤细却结实的小腿晃动在伦敦阴雨连天的季节。这个碧玉年华的少女不远万里告别皇城的青砖绿瓦来到这座尖塔和高楼林立的雾都，一切莫不过"宿命"二字。

初到伦敦时的新鲜感和熙攘不绝的来往宾客，似乎也被这望不到边际的阴雨蒙蒙冲刷得淡却了缤纷。父亲大人毕竟公务繁忙，纵有相伴不知左右、往来不绝于耳的友人们，可林小姐的孤寂心思，却在一日日升腾、升腾，最终幻化成蔓延开来的思乡愁苦。

在 Phillips 的帮助下，林徽因的英文进步得很快，提笔写字、出口成章已然不在话下。那隽美的笔体和动听的发音，让林家小姐在伦敦小有名气，也结识了不少作家名流，包括著名小说家托马斯·哈代、史学政治家赫伯特·乔治·威尔斯、才貌兼具的女作家凯瑟琳·曼斯菲尔德，以及当时旅英多年且成绩斐然的一大批中国学者张奚若、陈西滢、金岳霖等。林父的广纳贤才、招揽宾客颇有魏晋之风骨，却又更加海纳百川。这让林徽因的闺阁生活从年少时便登高望远、不拘小节，有着非一般女子可企及的优雅和高度。

天气一日日热起来，寓所外的虫鸣声日渐聒噪。少年不识愁滋味的林徽因虽然有短暂的彷徨孤寂，但伦敦的烟雾迷蒙终于在盛夏时节告一段落。伦敦的房屋沿袭着古希腊的和谐、完美和崇高，有的是历史的厚重感，一座挨着一座，仿佛一只只眯眼小憩的灵兽，有那么多生动华丽的皮毛和精髓。林徽因从踏上英伦大地的一刹那，便对这一桥、一塔、一楼、一堡充满了好奇和幻想，让她美好的灵魂滋生出了莫名的情愫。

九月的伦敦，泰晤士河水涨船高，阴雨连绵的季节总是不期而至。伤春悲秋的女子在这样的季节里难免不感怀而泪流。

是日，林长民在自己的寓所里招待一位忘年友人，这竟让林徽因有了些许的期盼。午后的阳光带着慵懒的湿气，终于冲破乌云照射进斑驳的木窗，林徽因习惯地将房门紧闭，徜徉在书海和梦端。"当当当——"几声清脆而有力的敲门声，让她不禁惊了心思，这才想起下午的访客，于是便匆匆整理妆容，换了一身朴素却不失礼仪的便服。就在随手掩门之时，下意识地又信手拾起一条绿底金色绣花绒边儿的丝巾系在颈上，心思若水谁人懂？

台阶靠墙壁一面，挂着父亲收集而来的油彩画，都是英国古典派名家的代表作，林徽因对这种色彩度夹杂立体感的艺术形式甚是喜爱，举步间莫不侧盼欣赏。隐隐听到楼下厅堂内传来朗朗交谈声，声音洪亮而悦耳，不禁加快了脚步，素黄色的裙摆在楼梯上幻化成一阵轻风。

眼前，所望之及，在门厅的尽头，一个中等个头的男子，消瘦却干练，穿着时下最流行的改良式西服，灰色衣襟虽然有细小的针脚紊乱，但衣服却是极整洁和干净的。头发梳得一丝不苟，侧分的发型让发际线看起来高了些，却显得精神。一副金丝框眼镜掩盖不住镜片后面灼灼有神的目光，五官立体，嘴角飞扬。皮鞋上有一层刚刚溅上去的泥珠，看得出是走了一段路的。他手里拎着一个黑色牛皮包，鼓鼓地塞满了书，书的一角已然露在了外面。

男子，低着头谦逊地和父亲说了什么，林徽因并没有听清，恍惚间看到门廊外透过树影照射进来的阳光，那么耀眼，这感觉，一眼已万年。不一样，那一眼里，什么都是不一样的，风不是原来的风，秒针的踢踏声不是原来的踢踏声，就连自己，仿佛也并不是原来的那个自己。

林徽因挪动着脚步来到了父亲的身边，微颔着打量着这个男子。林父在寒暄几句之后，对女儿介绍说，这便是前日提过的徐志摩。徐志摩是年23岁，虽然英俊年轻，放浪不羁，却已是两个孩子的父亲。

看着年长几岁的徐志摩,林徽因不知怎的,脱口竟喊出"叔叔"二字,这辈分来得有些唐突,好在旁人并未注意,却让追求完美的林徽因对这初次的见面,存有一丝无法磨灭的芥蒂,就好像一朵清晨的樱花,染上一丝不合时宜的尘埃。

徐志摩撇过头,微微地打量了一下这个从楼梯上下来的年轻女孩。她穿着一件素黄色的长裙,深棕色丝线在衣襟上绣出了一枝纤细的树干,上面零星用桃红色的丝线绣着几朵含苞的梅花。裙身并不花哨,却凸显了她绽放的美好年华。腰间系着一根翠绿的宽腰带,勒紧腰身,纤细且婀娜。颈上似无意地缠绕着一条绿底儿绣花的丝巾,恰好和腰带交相辉映,娇嫩的明黄衬着这两抹翠绿,煞是美妙。亦是那么一瞬间,徐志摩的心底微微荡起了涟漪,一朵芬芳的莲花盛开其中,香气四溢。那一品位里的香甜,令他浑然忘我,迷失了心魂,跌跌撞撞,从此给自己戴上了一副名为"爱情"的枷锁。爱情,就是在这样的不经意里闯入生命,如一方镌刻的青石,力道深刻,重如千钧。虽然那时的他们,都还没意识到彼此之间,将会结下一段怎样的夙缘。

徐志摩来伦敦已经有些年头了,在遇见林徽因之前,在那一段旷世奇缘开始之前,徐志摩并未在诗歌上取得什么造诣,甚至只是刚刚起步的小试牛刀。在《猛虎集序》中,志摩坦言,在他二十四岁以前,也就是1921年之前,与诗"完全没有相干"。

是在"整十年前",由于内心"吹着一阵奇异的风",照亮了"奇异的月色",这才敲开了诗歌的灵魂、顿悟了诗歌的内涵、潜化了诗人的气质,最终成就了一代伟大的浪漫抒情诗人。

他亦是打江南来,家境殷实。在离开故国之前,他是北京大学的高才生,是国学大师梁启超座下的一名弟子,是鲜衣怒马、温润如玉的翩翩少年郎。出国留洋后,他奉父命在哥伦比亚大学攻读经济学博士。然而,不久后,他发现自己的兴趣浑然不在这上边,反倒是诗歌、艺术、哲学,更能激起他心中的情感,或激越或温柔。他极其崇拜英国哲学家罗素,为了偶像,他千里迢迢从美国来到伦敦,却遗憾地发现,罗素早已离开剑桥,前往中国。阴差阳错,他却因此留在了剑桥。

或许,这一切的差错,只是为了圆一段宿命。命运的奇妙恰如其分,不差一分,不错一秒。在这座雨雾蒙蒙的城市,他推开了相遇的那扇门,她扬起莲花般静好的容颜,十六岁的娇艳遇上二十余岁的风度翩翩,一切,都刚刚好。

缘分伊始,命运的车轮悄悄转动。对于林徽因来说,这个被她错叫成"叔叔"的年轻人,一开始时,约莫只是父亲的忘年之交。徐志摩和林长民的友谊来得迅速而亲切,在徐志摩眼中,这位年长自己好多岁的朋友,是一位睿智的智者,他谈吐风趣,浑身通透,纵使是进退两难的社会中,亦能够如鱼得水。他们时常聚在一起,谈论艺术、人生、文学、社会。他们甚至互通"情书",一位扮演人夫,一位化作人妻,在白纸黑字里,谈一场镜花水月的"爱恋"。这样的事情，放到如今未免有几分惊世骇俗，然而在当时，却只是一场文人雅士之间的辛酸无奈。

万般清愁，千般抱负，更与何人说？无人可说，无人堪听。无奈里，他们只能戴上面具，隐入纸墨云烟，笔端那头，会有人懂，纵使那人也戴着斑驳面具。信件、相访等往来，徐志摩和林长民的友谊渐渐深厚，与此同时，徐志摩也渐渐同友人的小女儿——林徽因，相熟起来。他不无惊奇地发觉，这个漂亮的小姑娘，竟然可以听懂他的话，有时候，他有种莫名的错觉，这并不像是一个十六七岁的孩子，更像是他的旧友，熟谙他灵魂的每一个角落。

腹有诗书气自华。这句话来形容林徽因，熨帖得如量身打造。大量的阅读和丰富的见识，令这个不过二八年华的女孩有着不寻常的心灵。她的容貌，她的笑靥，她的谈吐，她中文里那带一点儿福建口音的京话，时而又用一口纯正的牛津英语同他对话，这样纯净柔美的女孩子，放眼整个中国，大概也再找不出第二个来吧。

千万的生命，如潮汐一般，来了又去，又有几个能够被留在历史上的，能从容存活在世人心中。然而，不论是徐志摩还是林徽因，都留下了属于自己的独特印记。如果说，徐志摩是一朵飘扬的雪花，飞扬，飞扬着寻找自己的快乐，那么林徽因便是一帧洁净的相片。金风玉露一相逢，她记下了他的快乐，而那时的他，因她而快乐。

情愫·装满生命的渴盼

我这一辈子就只那一春,说也可怜,算是不曾虚度。就只那一春,我的生活是自然的,是真愉快的!……说也奇怪,竟像是第一次,我辨认了星月的光明、草的青、花的香、流水的殷勤。

这是徐志摩多年后,提笔回忆他与林徽因的当年,在《我所知道的康桥》里写下的一段文字。无愧为大诗人,描摹起那场爱恋,是那样缱绻温柔且动人。说起情事,遇上林徽因前的徐志摩,自然不是生手。他已为人父,妻子是出身富贵的张幼仪,她是旧式温柔敦厚的女子,侍奉公婆,抚养幼子,进退得宜,任人挑不出一丝错处,端得是名门闺秀,端方静好。可唯独没有丈夫的爱。

徐志摩没有爱过他的妻子。他的心,在遇上林徽因之前,仿佛从未开启过。所谓的爱，是什么呢？远远地，隔着朦胧的雨雾，那个梳着两条长辫的少女娉娉婷婷，莞尔地笑，露出一口活泼俏皮的牙。在这瞬间，像是闪电劈开混沌，胸腔里的这颗心，突然开始鲜活跳动，他闻到鲜花的馥郁，他看见青草的嫩绿，他第一次知道，原来这就是恋爱的滋味。

对于这位闯入自己生命的不速之客，林徽因并没有抗拒他的走入。只缘感君一回顾，使我思君朝与暮。她未曾写下过如此火辣直白的情话，也不曾直接地告诉他，他在她心中激起的涟漪。她只是在他来访时，瞬间明亮了双眸，如同一只欢乐的小鸟，飞奔过去为他开门。伦敦的雨啊，总是不停地下，不停地下。他从雨里走来，拿着湿淋淋的伞，发梢也有点微微湿透，这样的徐志摩，或许看上去只是一个普普通通的年轻人，可当他坐在炉火旁，高谈阔论、朗朗道来时，他就变成了一个足够可爱、足够吸引人的年轻人。

他们谈起伦敦的雨，谈起英国的诗人：雪莱、济慈、华兹华斯。她听得无比专注，听到他问她有无读过拜伦的《夜莺颂》时，她笑了起来，眼睛弯成了两枚闪闪的月牙儿："这神妙的歌者，绝不是一只平凡的鸟，他一定是树林里美丽的女神……"

她的声音清脆甜美，英文又流利，莫说她背的是一首诗，此情此景，在徐志摩眼中，亦是如诗如画。

当林徽因停下来时，他低沉地接下去背诵：你还是不倦地唱着，在你的歌声里我听出了最香冽的美酒的味儿，还有那遍野的青草和各种树馨……

　　淡淡的灵犀，如不请自来。她低头，炉火的光在她鬓角和鼻尖轻轻跳动，他的声音低醇如酒，温柔地将她包围，仿佛有那么一回眸的片刻，少女的心里咔嚓一声，如有什么陷落跌宕。北大校长蔡元培曾这样评价徐志摩：谈诗是诗，举动是诗，毕生行经都是诗，诗的意境渗透了，随遇自有乐土。这样的男人，举手投足皆是诗意，情窦初开时的林徽因，如何能够抵挡？何况，她亦是爱极了诗，爱极了一切存在诗意的东西。

　　陷落，亦在所难免。

　　有人说，徐志摩和林徽因的爱情，是不被祝福的。彼时，使君有妇，还是孩子的父亲。他是她父亲的忘年之交；而她是他友人的掌上明珠。怎么看，这天平总归是倾斜的。可他们还是相爱了，在朦朦胧胧的伦敦雨里，在一次次言谈甚欢里，在同故国隔着千万里的他乡里。

　　爱情来的时候，肉体凡胎的人，如何阻挡？徐志摩，一样是凡人，那一刻，他是最寻常最平凡的人。

　　道德、承诺、责任……这一切，如同云烟，在徐志摩眼前散去。他的眼前，只剩下一双清澈如水的明眸，只剩下一张如莲花般纯净的笑靥。这场美丽的相逢，带来了一场美丽的爱情。他近乎孩子气地，一日不见，如隔三秋。如初尝情爱滋味的毛头小伙子一样，时不时就来到林家，只为瞧一瞧林徽因，他心尖上的恋人。

在温暖的屋子里,她清清朗朗地向他朗诵一首诗,停顿了一会儿后说:我觉得鲜花一朵朵地开在我的身上,这是多么奇妙的感觉和想象啊!她用心灵感悟着世间的每一份诗意,每每读到美到极致的诗句,心中便生出了深深的向往和感悟。此前,她的这些心意、思考和爱恋,并不能够与谁说。幸好,徐志摩来了。他来了,可以听懂自己的每一个字眼,还可以产生一样的共鸣和感觉,这滋味,才是真正的美妙吧。

徐志摩极是赞赏英国诗人的想象力,在他看来,中国艺术家的想象力未免有些贫乏,譬如元代的书画家赵孟頫,为了画马,将自己关在屋子里没日没夜地作画。闭门造车不说,这种行为还很有几分村夫的蠢笨。他说得风趣幽默,古往今来的事情信手拈来,添上自己独到见解,到底是平添了几分趣味。

林徽因听得兴起,不由得抿起唇角,微微一笑。

他说的她都听得津津有味,唯独不理解的是,为什么不论是徐志摩,还是自己的父亲林长民,对政治都有那样浓厚的兴趣。他毫不隐瞒地告诉她,原来自己出国留洋,是看到国家的贫穷落后,想要来西方学习先进技术,用实业来拯救中国。然而,等到自己真正来到了西方国家,才发现实业救国,并不是拯救故国最切实的路子。

徐志摩天生是一位诗人。有时候,一切都是天注定,玄奘注定为梦西行,张爱玲注定为爱漂泊,而徐志摩,注定像诗一样存在。冒着黑烟的巨大烟囱,隆隆的巨大机械声,漂浮着异物的河流……都看不见他心底追逐的爱和美。他打心眼里厌恶这些工业的产物，当他离开祖国，来到梦想的国土，才霍然发觉，原来他最真切的爱在文艺上，在政治上。

在徐志摩眼中，德国人过于机械化；法国人则任性得像一片飘忽不定的云；历史短暂的美国，国人终究没有根基，太过肤浅。西方列强里，唯有英国是现代化的、先进的。英国人自由而不激烈，保守却不顽固。英国的政治生活亦是如此，广场上聚集着的英国人，有保守党的，也有劳工党的，信仰也是自由的，有信天主教的，也有信奉伊斯兰教的。英国政府并不干涉国人的自由，一切都是那样的民主。他又说起著名的英国戏剧家萧伯纳，有一次在雨中宣传社会主义，听众少得可怜，最后只剩下两三个巡警，顶着倾盆大雨听他的演讲。

他讲得是那样有趣又生动，眼睛里焕发出一种奇异的神采，亮亮的，宛如一个说起糖果的小孩子，有点孩子气的纯真和炙热。这样的特质出现在一个成年男人身上，十分罕见，也十分迷人。林徽因听得是那样专注，哪怕他们此刻的话题并非她所感兴趣的艺术，也被他那种真诚的、热情的语言，深深地吸引，吸引。

这个已名满天下的诗人，坐在林徽因的面前，神情天真又赤诚，她心里交织着一种莫名的情意——长久以来，徐志摩这个名字，对于她而言，是同那些著名的诗人和艺术家紧密缠绕的，他像是一个老师和引路者，在她前行的路上温敦地为她指路照明。面对徐志摩炽热的追求，林徽因有几分不知所措、几分惊疑、几分欢喜。她是喜欢他的,可是她是否如他喜欢她一样喜欢着他,却并没有铿锵的答案。

多年后,她回顾平生,回顾到康桥,回顾起伦敦的雨季,不无感伤地说道:"徐志摩当时爱的并不是真正的我,而是他用诗人的浪漫情绪想象出来的林徽因,可我其实并不是他心目中所想的那一个人。"那是她积年后,沉静理智的回答。可当时的那份爱情,足以令两个沉静的人模糊了理智,任由激越的感情肆意泛滥。

不论徐志摩所爱的,是不是真正的林徽因;也不论林徽因是否也一样爱过徐志摩,真相并不重要。重要的是,那场浪漫深刻的爱是真的发生过,像月亮的柔光和星星的璀璨不容否认一样。在康桥之畔,他们如同两只注定要相遇、相逢、相爱的蝴蝶,在擦肩而过的那一瞬,便牢记了一生。

对于徐志摩和林徽因的情愫暗生,作为朋友和父亲的林长民,并不是不知道的。不知道是出于什么原因,对于这份爱恋,他没有阻挠,如作壁上观一样,任由其发展蔓延。唯独有一点,他们可以恋爱,却不能有婚姻。或许是因为徐志摩有妻有室,或许是他记起了当年同老友梁启超的口头婚约。

在父亲的默许下,林徽因也默许了徐志摩的追求。他们度过了一段极好的岁月,青梅煮酒,花月清冽,每一分和每一秒,都宛如佳期。携手的瞬息,他们仿佛找到了生命的意义。那里,霍然有洞天。

遗憾·我们终将在现实中走散

世间有两难：爱不得，求不得。当年热恋的情已飘然远去，暮雪千山，只影孑然。之于徐志摩，林徽因是求而不得；之于林徽因，那位惊才绝艳的男子，是欲爱，却爱不得。

庭院深深，江南的燕喃声声入耳，旧桃树上的花萎落一地残红，春风吹拂，吹动一袭粉色涟漪。人已去，情亦远。时光濡湿了过往，青石上徒留一方云烟，任由后人评说。千年前的一位女帝在自己的墓前留下了无字碑，半生功过，无褒无贬。可对于林徽因，多年来，却有无数言说如波澜，日复一日，从未停息。

若是一缕芳魂漂泊至此，目睹此情此景，是忧伤，或凄楚；是惆怅，或欢喜；是哭笑不得，或啼笑皆非？罢了，罢了。其实林徽因亦不过是人世间一个平凡的女子，她如同任何一位养在深闺的女孩一样，渴望他日良人披锦踏帛而来，将自己好好交付，自此携手白首平生。只是离乱奇妙的命运，赋予了她一段与众不同的人生，亦给予她一颗柔软、细腻甚至敏感的心，令她饱尝人世的悲欢苦痛。

伦敦的雨渐渐消散，慢慢地，沉溺在初恋带来的欢愉中的林徽因，撩开眼前迷雾，逐渐开始清醒。她记起徐志摩原来是有妻室的人；记起自己恨了一生怨了一生、如残花凋零一样凋谢在林家后院的母亲；记起当年那个目睹父亲和二娘鹣鲽情深而心生抑郁苦涩的小女孩。虽然，浮生若梦，不过是一场空茫。可行走在浮生里的人，却可以感知每一分痛苦凄楚。将自己的幸福建立在他人的苦痛之上，她做得到吗？

林徽因望着茫茫的前方，陷入了一场万分愁苦的深思中。

徐志摩当时的妻子张幼仪，在丈夫来到英国不久后，也离开祖国，踏上了英国的国土。张幼仪是贤良淑德的大家闺秀，秉承三从四德，自十六岁嫁给了徐志摩，便将一颗心都扑在了家庭中。她样样都好，只是徐志摩不喜欢。在张幼仪来到英国不久后，徐志摩便对她提出了离婚的要求。

据说，这是林徽因的要求，她给徐志摩寄了一封信，要求他在自己和张幼仪之间做出一个抉择。徐志摩没有任何犹豫，便选择了林徽因。但这种猜测并没有实际的根据，只是徐志摩确实向张幼仪提出了离婚。在张幼仪生下次子不久后，无可奈何的她，终于在离婚协议书上署上了自己的名字。

那是中国历史上第一桩文明离婚的公案。张幼仪是无辜的。于是，便有人说，这位善良的女子之所以不幸遭弃，正是因为林徽因的介入。可事实上，徐志摩打算同张幼仪离婚的念头由来已久。这位名满天下的诗人，从未爱过他的妻子。他在给发妻的信中写道：彼此有改良社会之心，彼此有造福人类之心，其先自作榜样，勇决智断，彼此尊重人格，自由离婚，止绝苦痛，始兆幸福，皆在此矣。他只是遵循了自己的本心，追求幸福。他是率真的、孩子气的，怀着为天下人带一个好头的心，做出了那样的决定。尽管，会伤害一个无辜的女子。

因此，即使历史上从未出现过林徽因，徐志摩和张幼仪也未必能白头偕老。他们本来就不是同一条铁轨上的列车，他走得太快，将她撇得太远。而在这段情案里，林徽因恰巧出现，不早一分，不晚一秒。

或许，当年那个十六岁的女孩，从未想过自己有一日会嫁给徐志摩，为他生儿育女，洗手做羹汤，做一位贤德温柔的太太。和他生活在同一个屋檐下，一生一世，死后落土亦魂梦相依，她是没有想过的。她还太年轻，年轻到分不清爱情和友情。诚然，她喜欢徐志摩，正是这个年轻人将她从寂寞孤独的境地中救了出来。她一个人在黑暗中行走了太久，忽然有一双温暖的手伸过来，轻轻地拉着她，并肩走着。她的心里，为此点燃了一盏灯，明明灭灭，徐徐照亮了沿途的风景。

她在这盏心灯照耀下，看见了一个新的世界，一个偌大的、充满了梦想和新生的世界。这时，对于那双拉起她的手，她是感激的、信赖的、喜欢的。可若是一生一世就这样走下去，她没有想过，会有怎样的未来——这条路的尽头，是漫天烟火，还是灯影寥落？

林徽因是在旧式的大家族中成长起来的女子，尽管她接受了新式教育，但家庭背景和幼时的遭遇，依旧令她不敢正视这场冒险。而徐志摩对于她而言，是一场太大太大的冒险，超过了她对人生的所有认知。她不敢放弃一切，随他浪迹天涯；不敢违背道德底线，成为受尽世人指摘的第三者；不敢冒着被家庭放逐甚至于唾弃的危险，将自己完全交付到一场未知的命运中。

何况，谁又能够保证，她不会成为第二个张幼仪？徐志摩为了追求幸福和新生而放弃了原配妻子，她若是不顾一切奔向他，当他眼中燃起了新的爱情之火呢？这一切都是未知。所以，她退缩了。在他勇敢地豁出一切的时候，她挽起裙角，像辛德瑞拉一样，逃离了那一场华丽的冒险。

可心里，未必是不痛的。

即使理智在声声切切地告诉她，这样做才是对彼此最好的选择。可跳跃的心却瞬间流泪，像被洋葱的汁液辣到了眼睛，一直泪流不止。谁说她不怀念黑暗里并肩走过的日子，谁说她就是那样的冷血无情不晓得他的深情，又是谁说，她只是在玩弄一位诗人，做一场爱情的游戏？如人饮水，冷暖自知，只有林徽因自己知道，放手的瞬间，心中的撕扯。

1921年,林徽因的父亲林长民任期结束。那一年,林徽因跟随父亲回到了暌违已久的祖国。离开这片土地时,她还是个孩子;回到此地,她已是半个大人,亭亭玉立,站在船头迎风眺望,宛如一幅典雅油画。

一年后,在金岳霖和吴经熊的作证下,徐志摩和张幼仪在柏林正式离婚。在徐志摩眼中,这不只是一场解脱。从今天开始,他就可以去追求自己的幸福,就可以同心仪的女孩子朝朝暮暮。但是,这一切从来都不是那么简单。世事永不如人所愿。

同年,徐志摩也追随着林徽因的脚步,回到了祖国。

回国之后,林徽因继续在培华女中念书。徐志摩继续做他的诗人,写一首首缠绵动人的诗。两个人,像是从未有过交集。那一段美好的感情,仿佛只存在于康桥之畔、伦敦之雨中。它如一朵转瞬明灭的昙花,静静地,悄悄地,开在异国的晚霞下。流云易散,琉璃易脆,昙花的开合,短暂,却深刻得令人不敢忘却。

谁敢忘却心头上的伤疤?徐志摩不敢,他写道:

> 我是天空里的一片云,
> 偶尔投影在你的波心——
> 你不必讶异,
> 更无须欢喜——
> 在转瞬间消灭了踪影。

你我相逢在黑夜的海上，

你有你的，我有我的，方向；

你记得也好，

最好你忘掉，

在这交会时互放的光亮！

——徐志摩《偶然》

后人说，这是徐志摩写给林徽因的诗，在康桥别后，在一切都尘埃落定，他们只能各自背道而行的时候。提及过往，他似乎抹不去一丝淡淡的惆怅。若是当年他们走到一起，或许一切都不是如今的模样。但是不行，他们都败给了现实。现实的力量是那样强大，即使他付出了所有的勇气，她也一度沉溺，可梦总会醒，现实总会来——他们总归要桥归桥，路归路，各自沿着各自的人生，任由时光一路狂奔。

时光缱绻，康桥边的青草绿了几个轮回，春风拂柳去，斗转星移，漫步桥畔的小儿女却情态依旧。依稀是旧日的缱绻依恋重新浮现。百年前，也曾有人走过它身旁，携手并肩，如一双永远同时升起和落下的星辰。可最终，他们并没有走到一起。是因为，他们都在行走人世的过程中发现，爱情原来并不是贯穿人生始终的主题，他们都还要扮演许多角色：孩子、父母、朋友、亲人……更重要的是，他们都要成为自己。这听上去并不难，可是，要成为真正的自己，却是一场凤凰浴火，涅槃重生。

永恒·爱与痛浇铸一段回忆

夜色初上时,华灯如花绽放,汇成浩荡光彩,明亮一整个人世。那样的动人光辉,仿佛世间只有一样可以媲美。那是看到了热恋的爱人时,眼眸在一瞬间亮起的光芒,苍苍茫茫的人世一切,都只是那人的背景,桃花流水,霞光月影,都没有那人的一分夺目。

徐志摩眼中的林徽因,就是那样耀眼夺目的存在。为了她,他背弃了丈夫和父亲的身份,可是,就在他准备走到她身边的时候,现实已经关上了她的心门,她再也没有靠近过他,像当年在迷蒙的伦敦,隔着炉火的暖光,凝视着他。

或许,时光轮回。当一切都没有被捅破,他们还可以扮演对方生命里一个特殊却静好的角色:他是她的老师、朋友,而她是他的小小天使。他们还能将对彼此与众不同的情意或眷恋悄悄置放在心底，天知地知，你知我知就好。但世界上没有如果，尽管后悔，然而发生的一切终究已经发生，而徐志摩也想，为了这份爱，尽力去争取，即使最后，还是失败而告终。

回到祖国后，两人在一段时间内未曾有过来往。林徽因离开英国时，或许是林长民生怕多生枝节，并未向徐志摩辞行。徐志摩回来之后，也尽力不再去思念林徽因。只是，情到深处不由人，他终究未能抵挡住内心的渴盼，继续对林徽因展开了激烈的追求。就算此时佳人身畔，已有良人相伴。

林徽因此时的恋人，是梁启超的儿子梁思成。这对小情侣在家长的撮合下，彼此钟情，很快陷入了爱河中。那时林徽因还在培华女中念书，两人经常会在松坡图书馆小屋约会。他们的恋爱关系，当时是尽人皆知的。当然，徐志摩也知道。然而，他还是经常来到小屋前，徘徊不去。无可奈何下的梁思成，只好在门口挂出一块牌子，上面写着"情人不愿受干扰"的英文。看到这样的字眼，徐志摩只好怏怏而去。

但是，受挫的徐志摩并未就此彻底放弃林徽因。那苦痛纠缠的一年多时光里，他抓住了一切机会，希望能够挽回林徽因的心。一个男人能够为自己做到这些，林徽因心里说不感动也是不真实的。可她毕竟是一个看似柔弱却意志坚定的女子，一旦做出的决定，便将以终身去贯彻。

属于他们的，只有过去。而他的未来，不属于她；她的明天，也和他没有干系。

1924年4月,亚洲第一位诺贝尔文学奖获得者泰戈尔来中国访问。当时,负责接待泰戈尔的是徐志摩和林徽因,实际上梁思成也在接待人员中。为了大局,林徽因对徐志摩恢复了友谊。徐志摩欣喜若狂,误以为林徽因已经回心转意,愿意和自己重新开始。然而,他的满腔希望,终究在泰戈尔离去之后,尽数落空。林徽因并不愿和徐志摩再度展开恋情,此时,她已经放下了他,可以将他当作一位故友,一位旧交,甚至是兄长,但这些感情里,无关情与爱。

说到底,林徽因是聪明睿智的女子,再也没有人比她更清楚地了解自己,需要的是什么,而她会将一切都牢牢掌握在自己手中。泰戈尔来的时候,还曾出于徐志摩的拜托,希望促进两人的复合,可她只是一笑置之。任谁都看得出,徐志摩已彻底从她的生命中淡出。她在车站站在茫茫的人群中,为泰戈尔送行,目光柔软却淡然——正如她对待每一个人那样,这每个人里,包括徐志摩,却并不包括梁思成。

爱或不爱,有时真是界线鲜明。

情感细腻的徐志摩,比任何人都清楚这一点。他痛苦得几乎要发狂,在彻底失恋的悲伤里,他写下了这样的文字:

> 我真不知道我要说的是什么话,我已经好几次提起笔来想写,但是每次总是写不成篇。这两日我的头脑只是昏沉沉的,开着眼闭着眼却只见大前晚模糊的月色,照着

> 我们不愿意的车辆,迟迟地向荒野里退缩。离别!怎么的
> 能叫人相信?我想着了就要发疯,这么多的丝,谁能割得
> 断?我的眼前又黑了……

其实,徐志摩心底,早已知晓一切终将成为回忆。他只是放不下,只是忘不了,只是过不去。那个现实太残忍,虽然早有认知,却依旧不愿接受。于是徒劳地,继续纠缠追求着林徽因,做一些毫无意义的困兽之斗。这样忧伤,这样潦倒,还不如当初潇洒放手,留一个月明风轻的背影,还能成全一个大度的美名。只是,这太难做到了。

这份悲伤,一直缠绕在诗人的心头。直至次年,他遇上了陆小曼,再度焕发了爱情,如痴如醉地爱上那位娇娆的交际花时,林徽因的身影还会不时会出现在他的心头。他在《爱眉小札》里对当时的恋人倾述说:

> 我倒想起去年五月间那晚我离京向西时的情景,那时
> 更凄怆些,简直的悲,我站在车尾巴上,大半个黄澄澄的
> 月亮在东南角上升起,车轮阁的阁的响着,W还大声的
> 叫"徐志摩哭了";但我那时虽则不曾失声,眼泪可是有
> 的。怪不得我,你知道我那时怎样的心理,仿佛一个在俄
> 国吃了大败仗往后退的拿破仑,天茫茫,地茫茫,心更茫
> 茫,叫我不掉眼泪怎么着?

林徽因，这个淡雅秀美的女子，在徐志摩的生命中，留下了永远无法磨灭的印记。那是他的一场劫，如此美好，又如此忧伤，那是盘桓在他心尖的白月光，一生一世，都要挥之不去了。哪怕此生她终将成为另一个人的妻子，以他人的姓氏，周旋于人世；也为他人持家教子，做一位好太太，夜灯亮起，他将没有资格，凝望她卸下白日防备后的单纯容颜。

而他，终将有属于自己的人生。失恋和恋爱，都将成为激发诗人心中澎湃的契机。他爱过，失去过，重新开始一段爱时，证明他已彻底痊愈，也彻底将林徽因放下。多年后，当林徽因和梁思成从美国留学归来，他身侧也有了娇声软语的解语花。时光，都将他们淬炼成了更好的人。

或许，正是现在，他们才有资格毫无芥蒂地拥抱彼此。将对方当作一位久别重逢的老友。事实上，他们诚然也这样做了。林徽因非常愿意重新展开他们的友谊，当然，对于徐志摩亦是如此。他们都曾携手走过彼此的生命，从某种意义上来说，他们是了解彼此的。放下了无数尘埃往事，他们真正成了知交。

若是不曾发生那场意外，说不定他们是能够成为一生的好友。看着时光渐渐在对方身上留下深刻痕迹，看着彼此的儿女渐渐长成，长到他们相遇时的那个年纪，然后相视一笑，各自感叹，原来世界上最强大的力量，可就是时光啊，可以挥散所有不快，也可以在断壁残垣上新建一座宫殿。可是，残酷的命运，并未给予他们这样的机会。

1931年，徐志摩所乘坐的飞机失事。那日，他正要去参加林徽因为外国驻华使节作的中国建筑艺术讲座。那年，他不过三十余岁，风华正茂的年纪，人生却永远画上了句号。许多人苛责林徽因，认为徐志摩是为了她而死。殊不知，林徽因心中，亦是悲痛难忍。她忍着心中巨大的伤痛，为他布置灵堂，甚至流着泪，这样写道：突然的，他闯出我们这共同的世界，沉入永远的静寂，不给我们一点预告、一点准备，或是一个最后希望的余地。这种几乎近于忍心的决绝，那一天不知震麻了多少朋友的心。现在那不能否认的事实，仍然无情地挡在我们前面。任凭我们多苦楚地哀悼他的惨死，多追切地希冀能够仍然接触到他原来的音容，事实是不会为体贴我们这悲念而有些许更改；而他也再不会为不忍我们这伤悼而有些许活动的可能！这难堪的永远静寂和消沉便是死的最残酷处。

除了她自己，没人知道她永远失去了什么，她失去了一位很好很好的朋友，失去了一位可以像兄长一样亲切敦厚的人，她失去了那段回忆的男主人公，从此以后，她的回忆残缺不全。再也无人能够和她一起忆起那年康桥的月色和星光，炉火旁的湿漉和温暖。

只是幸好，她身边还有一位明朗如风的男子。她的丈夫，在她最悲伤最痛苦的时候，始终相依相伴，不离不弃。他是了解她的，深深洞悉她灵魂的每个角落。关于林徽因和徐志摩的纠葛，他也表现出了最大的宽容和理解。在徐志摩飞机失事后，梁思成前往失事地点，带去了林徽因亲手制作的花圈，并带回了一块失事飞机的残片。林徽因将这块残片挂在自己的卧室，直至最后。

莫不是，这样的陪伴也算是另一种永远？他用生命的结束，将自己变成了林徽因回忆中的永恒。岁月悠长，渔舟唱晚，脉脉斜阳下，依旧是一片晴天。

第三章

心有灵犀

错过，只为遇见对的你

林徽因是多么庆幸，在经历了与死亡擦肩而过后，在茫茫人海里，她还能握紧彼此的双手，还能听到他从容淡然的言语。她不追逐多么轰轰烈烈的时光，不渴望锦衣玉食珠光宝气的生活，不钟情鲜花着锦烈火烹油的繁华，只要有一个人，长久地陪伴在身侧，柴米油盐酱醋茶，诗酒琴棋长做伴，这样生活下去，直至天荒地老，就足够美好。

君子·瞥见你翩翩风雅

林徽因和梁思成的初遇，追溯起来，还要在她出国之前。那一对乐观其成的家长，自顾自介绍两个孩子认识，却没有过多干涉他们的发展。如果说徐志摩是林徽因生命中一段挥之不去的深刻记忆，那么梁思成，是她一生里，对的那个人。

寻寻觅觅，冷冷清清，夜开星幕千万重，遍寻那人寻不见，蓦然回首，那人却在灯火阑珊处。那么长久的一段时光里，林徽因在遥远的彼岸，仿佛忘记了"梁思成"这个名字，而这个人，也从未出现在她的人生里，充盈她的生命。直至归国，他们再度相见。霍然之间，她才发现，原来那才是她的 MR.right。

梁思成的父亲梁启超，林徽因的父亲林长民，都是致力于改革的政界名流，他们两个亦是饱学之士，在中华文化的熏陶中成长，又汲取了海外的精粹，都是极有声望举足轻重的人物。

若是能结成姻亲，自然是再好不过。然而，开明的家长们，并未将这层意思捅破，只是彼此心知肚明罢了。作为梁启超的长子，梁思成身上毫无名流子弟的骄娇二气，反而是一位谦逊优秀的年轻人。他很早就考入了清华学堂留美预科班，这个预科班的学制是八年制。1922年，他即将毕业，这一年，他二十一岁，这一年，他重新见到了林徽因，当年那个灵气而秀雅的女孩子。

如今的她，出落得越发美好。乌发如染，眉眼如画，温婉、静雅，令他忍不住要想起《诗经》里的句子：桃之夭夭，灼灼其华。之子于归，宜其室家。他静静地凝视着她，而她抬眸，清澈如水的眸光，潋滟出一泉芬芳。林徽因忽然明白，原来真的有一个瞬间，叫作"心动"。其实，眼前的这个年轻人，并不高大，也不英俊，可是心底就是有一个声音在告诉她，这个人能够令她获得幸福，就是这个人，将会是她一生的良人。

谦谦君子，温润如玉。梁思成便是这样一位君子，他珍惜、爱重林徽因，给予她最大限度的空间。他和气、善良、诚恳、忠厚，跟他在一起时，林徽因感到无比的安心。仿佛一颗漂泊了太久的心，寻到了抵达的港湾，可以在其中静静沉睡，不用管外头雨大风黑。实际上，不只是林徽因喜欢他，林徽因的母亲看这位未来女婿，也是越看越喜欢。

林家在北京的寓所，是一座位于市中心的宅子。这里闹中取静，格调雅致，宽阔庭院里有一双参天的古树，郁郁葱葱，遮天的绿意，到了花开的时间，黄色的花朵夹杂在幽幽的叶子里，宛若盏盏星痕。推门眺望，还能望见北海公园的白塔，衬着蔚蓝的苍穹，真是风景无限好。林徽因和她的母亲住在这所宅子的一个小院落里，院落里植着一架紫藤，春风和暖时，会开出纷繁馥郁的紫藤花，簇簇拥拥，仿佛一道流泉瀑布，煞是喜人。少女时的林徽因，时常坐在紫藤花下，阳光漏过树叶和花朵，斑驳在她纤细的指间，一时间，像是手中落满了金色的流沙。透过花叶，笑容温和的年轻人推门而来，这时候母亲便会微笑起来，张罗着让厨子拿出看家本领，做一桌好菜。

等开饭的时间里，林徽因和梁思成并肩坐在花架下，任由飘零的花瓣，落了一肩。相似的家庭背景，相似的性情，使得这双年轻人永远有说不完的话。他们从未对彼此感到过陌生，像是认识了很久很久的老朋友，默契十足。这默契里，又有几分油然而生的欢喜。一句话，一个眼神、一个小动作，彼此就能心领神会，这样的灵犀，并不是与谁都可以获取的。何况，梁思成爱好那样广泛，跟他在一起，永远都不会感到乏味。

他热爱音乐，小提琴、钢琴都可以信手拈来，他还是校歌咏队的队长。他也喜欢美术，是美术社的中流砥柱，也当过校刊的美术编辑。当然，他的运动细胞也十分出色，会踢足球，跳高和体操都是一流。由于他的父亲梁启超本身就是中西皆通之人，在梁启超的培养下，梁思成亦是饱学多才。他的国学相当优秀，西学也出类拔萃。还在学校的时候，他就和几位同学一起合译了威尔斯的《世界史大纲》，由商务印书馆出版。这个年轻人很早就知道，自己未来的妻子将会是林徽因。那是两家订下的婚约，虽然家长并不干涉他们的感情发展，但并不意味着这桩婚约将会被遗忘。

没有重遇林徽因之前，他曾猜想，那将会是一个怎样的女孩子呢？多年前的匆匆一瞥，早已在他心上留下了深刻的印象。游学归来的她，一定会是更美好的女子吧。他的猜想没有错，甚至，比他所能想象的还更美好。她是那样灵秀、剔透、柔润和洁白，抖一抖衣袖，仿佛都可以洒下珍珠的光彩。经过一段时间的交往后，林徽因更加成为他心中珍之重之的人，这个女孩子，竟然是如此优秀。他见过许多外表美丽，却缺乏内涵的女孩子，他生怕他的未婚妻也会是这样的人。但林徽因不是，她温柔、雅致、有思想、有一颗敏感细腻诗意的心。了解越深，他就越想将她好好珍藏在心上，温存呵护，长久地陪伴在她的身侧。

所幸，他就是那个被上苍选中的幸运儿。家世、人品、地位，决定了他们的般配程度。但最重要的是，林徽因也如同梁思成喜欢她一样，喜欢着他。互相恋慕，愿意同时拉起对方的手，那才是决定爱情能否天长地久的最真诚的理由。而梁思成给予林徽因的爱情，让她发觉，原来爱不是痛，不是受伤，不是夜深人静时的辗转和流泪；爱是温柔的，从容安静的，纵使平平淡淡也能令人品味出甜蜜的。她感到了一种前所未有的欢乐。

这种欢乐，使她忘却了过去的阴影，成为更好的自己。她想要将这份快乐传递出去,让世界变得更加美好。这是从未发生过的事情。林徽因沐浴在爱的海洋里,她的眉眼、她的心灵、她的灵魂,都因为这份爱更加纯粹与灿烂。真正的爱情就应该是如此,彼此尊重,彼此爱惜,为了彼此成为更美好的存在。

至于梁思成,更是如此。预科班毕业在即,梁思成面临着专业的选择,他问林徽因:"你以后想要学什么专业呢?"

那个清秀柔弱的姑娘眼里闪着动人的光辉,她笑着告诉他,自己以后想要选择"建筑"。梁思成有点吃惊,因为他还不能够将那样一项职业同他心爱的姑娘联系起来。林徽因看出了他的惊疑,笑着补充说:"更准确地说,应该是 architecture 吧。"那是建筑学的意思,看来她的打算,并不是一朝一夕间的冲动。

面对梁思成的不解,林徽因和他说起了这项理想的由来——那还是在欧洲的时候,那些浑然不同于中国建筑的房子、宫殿、教堂……大自然和人力的和睦相处,是那样美好。钟塔刺穿了云霄,雕像上浸透了晚霞,那是一只莫扎特的手,在世界的彼端,弹奏出的奇妙音符。说起那些的时候,林徽因的脸上透出了一种极迷人的光彩,这令她神采飞扬,宛如驰骋在世界中心的公主——那是属于她的世界吧,或者是即将属于她的世界吧。

梁思成从未有一刻这样激动过,他是那样迫不及待地想要去那个世界。和林徽因一起并肩而行,一起分享彼此的汗水、心血、失败、欢喜和荣耀,一切苦痛一同承担,一切喜悦共同品尝。那是一个多么美好的梦想啊!他几乎是瞬间就动了心。

因为林徽因，梁思成最终选择了建筑学，后来，他成为建筑界的一方泰斗，地位撼然。他也曾谈起这段往事，坦然承认自己最初选择建筑业，正是因为林徽因，加上他也十分喜欢绘画，在激情和理智的共同驱使下，他选择建筑，并将其作为一生的事业。

再也没有比这更浪漫美丽的事情——爱情和事业，都可以一起行走，一起收获甜美的果实。林徽因选择了梁思成，也选择了建筑，那都是她少女时期纯净的梦想：愿得一心人，白首不相离。最初的抉择，成为最后的相伴，她的决定，从未更改。这个自江南来的秀雅女子，也用她的一生，为这选择给出了最好的答案。

恋歌·给你最暖的陪伴

都说，天长地久的陪伴，才是最深情的告白。世事莫不是如此，花前月下的芬芳誓言，听得人心暖融，以为那样的告白便是一生；可若是此后山水相隔，当初铮铮的誓言，该以什么来承载？最温暖实在的，不过是身侧的点点滴滴，虽然寻常如细水长流，却尽数是用爱汇成。陪伴在你身侧，听你小声抱怨，看你容颜逐渐斑驳，握着你的手却始终没有放开。或许在他面前，你不是众人眼中闪闪发光的宝石，你不用维持风度，不用为了保持美丽而往脸上涂抹七八层化妆品，你待自己的所有严苛和防备都全部卸下——因为你知道，不论你以怎样的脸孔出现，他都会长久地陪伴在你身边。

那样长久的陪伴时光，是林徽因对梁思成沉默的告白。她是婉约柔和的女子，不擅长将甜蜜的言语说出口，可她的所作所为，已经证明了她心的方向。

1923年，5月。春夏之交，在江南已有几分酷暑味道的时候，北方却还残存一些清爽，晨起出门，春风打在脸上时，还有许多凉意。那一日，梁思成带着同父异母的弟弟梁思永一同出门，他们骑着长姐梁思顺赠送的摩托车，前往长安街，去参加北京学生的示威游行。当时开车的是梁思成，梁思永则坐在后座。

谁都没有预料到，横祸突兀而来，便是发生在一瞬之间。

在行驶出家门没多久，一辆小轿车便疾驰而来。梁氏兄弟躲避不及，被轿车撞翻。登时，后座的梁思永被撞飞出去好几米，而梁思成被摩托车压在下面，昏迷不醒。那是北洋军阀金永炎的小轿车，他是当时"大总统"黎元洪的腹心股肱，看到司机开车撞了人，竟然默不作声，扬长而去。过了半晌，梁思永才缓过神来，他一瘸一拐地过去看梁思成，却发现大哥已经不省人事。只是受了一点轻伤的梁思永吓得面色铁青，急忙跑回家去叫人。

最先赶来的是梁家的门房老王，他急忙把梁思成从摩托车下救出来，飞奔着送回了梁家。梁启超请来了医生，在为梁思成作了初步检查后，确诊为左腿骨折，幸好没有伤及腰椎。听到这个消息，梁启超松了一口气。在经过简单包扎后，梁思成被送往医院。

当时，梁思成根本无法动弹。被撞上的瞬间，他以为自己就此送命，没想到福大命大，竟然活了下来。只是浑身疼痛，想要说话都万分吃力。一向同他感情甚笃的梁思永也跟他一起住进了医院，他受伤并不严重，只是擦破了皮，又受到了惊吓。梁家人担心，这才被送进来做些检查。梁思永不过住了一周院便顺利出院，梁思成却在医院住了三个多月。

三个月，说长不算长，说短不算短。足以从春天走到秋天，足以疗好一场伤，也足以忘却一些悲伤的事情。对于梁思成来说，这三个月，若是放在之前，他一定觉得是那样难熬，近乎度日如年的艰难，但此刻，他却宁愿时光走得慢一点儿，再慢一点儿。那是因为之前的他，孑然行走，并未品尝过爱情的甜美；而现在，他的身边，已有了那样好的女子。

林徽因得知梁思成出事的消息，惊得面色惨白，她第一时间赶到医院，刚巧梁思成动完手术醒来。她看见素日里健康的梁思成，那样苍白孱弱地躺在病床上，腿上打着厚厚的石膏，身上还有好多处伤口。顿时，心里像是被什么割了一刀一样，眼泪就那样不自觉地流了下来，打湿了整张莲花般的素颜。倒是梁思成比她乐观，还笑着拉着她的手说："差一点儿就见不到你了。"

差一点儿就见不到你了……我只是害怕再也看不见你。

他不说自己的痛，也不抱怨和伤感，就这样淡淡却带着笑意的一句，却令林徽因哭得更加厉害了。其实这一回，梁思成的伤并不是那样简单，他的左腿是复合型骨折，原来以为没有受伤的腰椎实际上也被挫伤。在短短的一个月时间里，院方就为他做了三次手术，更令人难过的是，由于当时医术的落后，院方一开始认为他的左腿无须手术，生生耽误了治疗。这次车祸，给梁思成留下了永远的伤痛，他的左腿此后比右腿断了一厘米，走路时便有微微跛足，还有脊椎的毛病，都成了伴随他一生的后遗症。

然而，善良的他，却始终没有在林徽因面前流露出过任何沮丧和悲伤。林徽因也懂得梁思成的用心良苦，她也并不戳破，只是一有空，便来病房陪伴他，给他念报纸，给他削苹果，细心而周到。看到林徽因窈窕的身影，梁思成感到了前所未有的满足，虽然疼痛还是侵袭着他的身体。

梁启超长子梁思成出车祸的事情，由北京《晨报》报道了出来，报道严肃斥责了金永炎，迫于舆论的压力。金永炎在不久后来到医院探视了梁思成，并负责了所需的医药费。然而，这场车祸给思成留下的伤痛，却是多少金钱都不可弥补的。有时候，他疼得彻夜难眠，此时，唯有林徽因是他的止痛药。

他已能听出她的脚步声，轻轻的、柔柔的，像羽毛飘落，像雪花扑向大地，又轻盈得像是一个梦。她盈盈地落在他身旁，手里拿着一沓当日的报纸，还有几本画册，还不忘带来他最钟爱的冰镇杏仁酪。坐在他床沿，她柔声为他读起新闻，声音温暖柔和，像淅沥的雨滴，轻轻敲击在他心上，每到这时候，是他一日中最快乐的时候，夜间如影随形的痛，仿佛都被风拂散。为了转移梁思成的注意力，她跟他说起自己最喜欢的作品，英国王尔德的《夜莺与玫瑰》，她想要将这个童话翻译成中文，这个想法由来已久。

对于翻译国外佳作，梁思成是有经验的。两人窝在病房里，讨论如何才能用中文，将原著中的诗意和优美翻译得更加美丽贴切。

《夜莺与玫瑰》是一首极美的童话诗：一个年轻人爱上了一位美丽的姑娘，面对年轻人炙热的追求，姑娘希望年轻人能为她摘取一朵红玫瑰，她就愿意和他跳一整夜的舞。然而他走遍了整个国家，却没有发现红玫瑰的踪迹，他萎落在草地上，泪如雨下。

栖息在森林深处的夜莺，目睹了年轻人的痛苦。它感慨爱情的神秘和伟大，也被年轻人的爱情深深打动，这只可爱的鸟儿决定为他寻找一朵玫瑰花。它飞过茫茫的海洋，飞过积雪的山巅，飞过大片大片的原野，找到了许多种玫瑰，却没有一朵是姑娘想要的红玫瑰。它历经风险，终于找到了红玫瑰，却听红玫瑰说它因寒风侵蚀，已不可能再开花，除非夜莺用尖刺刺入心口，淌着血为它彻夜唱歌，当鲜血流下，就会成为红玫瑰的颜色。

夜莺用自己的生命，换来了一朵爱情的红玫瑰。它最后的愿望，是希望那个年轻人去做一个真诚的情人，不要辜负爱情的珍贵。爱情的伟大，远远超乎了生命的存在。林徽因用极其美妙的语言，将这首童话诗译成中文，发表在《晨报五周年纪念增刊》上，那是她文学生涯开始的第一篇作品，这其中，也有梁思成的功劳。

在林徽因的照顾陪伴下，梁思成的病情渐有好转，很快，他就能拄着拐杖下地行走。当时，有友人为他拍摄了一张照片。照片上的梁思成拄着拐杖，腿上的石膏还没有卸下，他坐在椅子上，笑得满足而温暖。或许当时，林徽因就在镜头之外不远的地方看着他，同样的笑意清浅。她每日都待在医院，自然清楚地知道梁思成的病情，她知道，大概思成这辈子都要留下来一些小毛病了。

林徽因不知道这在旁人眼中，会不会是否定他的一个理由。但是，在她心里，只是纯粹地感到幸运。只要他能够从死神手中活下来，就算是落下了终身残疾，也没什么打紧的。最重要的是，他还活着，能够聆听她的话语，可以触摸他的体温，两人相依相伴，携手同行。

这个忙碌的尘世，每一分钟都有那么多的错过，萍水相逢，短暂相聚后匆匆诀别。错过意味着什么？意味着不再是彼此的风景，所有的喜乐忧惧，从此别无干系。林徽因是多么庆幸，在经历了与死亡擦肩而过后，在茫茫人海里，她还能握紧彼此的双手，还能听到他从容淡然的言语。她不追逐多么轰轰烈烈的时光，不渴望锦衣玉食、珠光宝气的生活，不钟情鲜花着锦、烈火烹油的繁华，只要有一个人，长久地陪伴在身侧，柴米油盐酱醋茶，诗酒琴棋长做伴，这样生活下去，直至天荒地老，就足够美好。

欢歌·点点滴滴皆欢愉

问世间，情为何物，直教人，生死相许？或许，世界上最为捉摸不透的，便是感情。春去秋来，燕去花开，流光点滴闪逝，总有那么些人，如过客一般，于漫长的生命里，匆匆而来，匆匆而去，叩门和辞行，都不带走一片云彩；也总有些人，可以长久地停留，虽是短暂一瞥，却如惊鸿，耀眼了整个人生。

无法预知究竟是谁，将在自己的生命中留下入木三分的痕迹；也无法揣测，究竟茫茫人海中谁会是一生的相依相伴；更无法料到，情之一路的尽头，是千回百转，抑或细水长流。不到最后时光，谁都看不见彼岸的风景。珍惜吧！珍惜时光中的转瞬即逝，珍惜每一个萍客的徘徊与告别，珍惜人生路上所有的花木的美丽姿态，总有那样的一刻，生命因这些而圆满从容，笑意因这些而充实愉悦。

那个凝聚了山岚清灵的女子,如一掠而过的飞燕,滑过天际的时候,任何一个滑翔的瞬间,都焕发出了最动人的光彩——包括情,也包括她的人生。

毕业那年,她长成了一个更加秀美聪慧的女子,像一块琥珀,在时光的积聚和沉淀中,越发柔润晶莹。时间赋予了她更加镇静的心性,也带来了更加丰富温柔的内心。她剪去了一头长发,将秀发剪至耳后,刘海儿轻盈,发线流畅。那是时下女学生最流行的发型,于她身上更显出一种清雅古典的韵味来。

林徽因也是在那一年,考取了半官费留美的资格。原本梁思成会比她更早去美国留学,然而那场意外的车祸,延迟了这一计划。他不得不留下来,等待次年的机会。而他弟弟梁思永和同学们都已远赴海外,幸好,父亲梁启超对他的要求并不因受伤住院而有所松懈。他时常会来医院,为梁思成补习国学,《论语》《孟子》《荀子》……梁思成的国学造诣深厚,很大程度是梁启超的严格要求打下的基础,这对他后来从事建筑业也有相当大的帮助,后来他也曾直言,自己所取得的成就,同父亲的"严苛"不无关系。

虽然错过了那年的留学,梁思成不得不滞留国内,不过,这也令两个年轻人的感情更加深厚,他们每天都待在一起,亲密无间。这对小情侣,显然已深深地坠入了爱河。这在信奉"自由恋爱"的年轻人眼中是情之所至,无可厚非。然而,在一些长辈的眼中,未免就有些不妥当了。

梁思成的母亲李蕙仙出身名门，是旧式的大家闺秀，看到还未行订婚礼的小儿女如此亲密，却觉得实在是不合常理。而且，林徽因深受西方文化的影响，行事洋化，与人交往不像中式的小姐们恭顺低眉，反而落落大方，不卑不亢。在梁思成受伤住院期间，她一直毫不避嫌地照料他，梁夫人看来，又是一处不妥。从前哪有这样的女孩子，虽然是有婚约的未婚夫妻，到底没有过了明面儿，放到从前，说个话儿都是要当着父母的面的。

她的不满，在梁启超心里，却又是另一种想法了。梁启超素来很是自豪，他以为自己在儿女的婚姻大事上是相当成功的，长女梁思顺，就是经由当父亲的他介绍，同当时中国驻菲律宾大使馆总领事周希哲相识，继而相爱成婚的。由父母看中，再介绍给孩子们，他觉得这种方式既开明又不违常理。这种方式在长女身上的成功，令他信心倍增，而林徽因便是他为长子梁思成挑选的"最佳儿媳"。

如今这两个孩子感情日笃，梁启超又岂能不开怀呢？高兴的并不只有梁启超，林家亦是感到十分欢喜。他们觉得，既然孩子们感情这样好，不如趁热打铁，把婚事赶紧订下来。梁启超却觉得，林徽因和梁思成都还年轻，太早订婚会对他们的学业有所影响，不如等学业有所成之后，再订婚也不迟。

最后，林徽因和梁思成还是尊重梁启超的意见，决定先立业，再成家。直到1927年，他们在美国大学毕业后，才结为夫妻。而在赴美留学之前，林徽因成为"新月社"的一员，尽管她自己并不认为自己曾加入这个文化圈，但事实上，她的文学之路，是同新月社密不可分的。

新月社的名字，取自泰戈尔诗集《新月集》。而徐志摩极喜欢"新月"这个意象，在他眼中，那虽然是非常柔弱的事物，却象征着无限的希望。新月社的发起，是在当时社会风气的影响下。北京的上流社会流行各种聚会，这种现象最初出现在金融界、政治界，渐渐扩大至知识界、文化界。一开始，新月社是由徐志摩、胡适等人发起，成立社并创办了《新月》杂志。后来，徐志摩和梁实秋等人在上海开了新月书店。那是20世纪20年代中后期的事情了。由于同新月社之间有着千丝万缕的关系，通常林徽因也被视为新月社的一员。在陈梦家收编的《新月诗选》里，还收录了林徽因的《笑》《深夜里听乐声》等四首新诗。

新月社的聚会地点，选在北京石虎胡同七号。在这方充满文化和诗意的小天地里，却创造了一个大世界。这里布置得极其优雅温馨，每到佳节自有庆祝活动。而平日的周末也时常会举行茶话会，内容包括书画、诗歌、散文、小说……种种形式，不一而足，文化气氛格外浓厚，更是因此吸引了当时不少名流，不仅是文化界，还辐射至金融、政治等领域：丁文江、林语堂、余上沅、凌叔华等人，都是这座宅子的常客。

1924年，泰戈尔访华至北京，是中国文化界的一件大事。主要负责接待的是徐志摩，而林徽因和梁思成也是接待人员之一。为了表示对泰戈尔的欢迎,新月社特意排演了泰戈尔的诗剧《齐德拉》。这部诗剧出自印度史诗《摩诃婆多罗》:一位生得并不美貌的公主,自小被国王和王后作为男孩子教养。然而,爱情的力量令她萌发了作为女子的本能,她爱上了邻国的王子,为了让王子对自己一见钟情,她向爱神祈求美丽的容貌,爱神答应了她的请求,给予了她一年的美貌。王子果然爱上了变美后的公主,他们结为夫妇。然而,婚后不久,王子却告诉她,自己真正爱着的,是那位其貌不扬的公主。最后,美貌被爱神收回,公主在王子面前,恢复了自己原本的容颜。

当时,林徽因饰演了剧中的公主,张歆海饰演王子,徐志摩则扮演了爱神。舞台设计则由梁思成负责。他们花费了许多心思来排演这出戏剧。戏剧通场用英语,演出时间放在泰戈尔5月8日的六十四岁寿辰上,作为当晚的压轴大戏。

帷幕缓缓拉开,灯光如流水月光,温柔地倾泻在一方舞台上,美丽的少女静静立在中央,如莲花一般静好。她仰起脸,凝望着天幕上一弯皎洁的新月。一时间,那种静谧的美好,感染了台下所有观众。林徽因的美丽,向来是众所周知的,可当她穿上古装,优雅地亭亭而立,总令人要想起大概"碧海青天夜夜心"的嫦娥也不过如此。为这种美丽所陶醉的,还有远道而来的泰戈尔,戏剧落幕之后,他微笑着上台来,拥抱这位美丽的中国少女,他不乏赞美地说:玛尼普王的女儿,你的美丽和智慧并不是借来的,是爱神早已给你的馈赠,不只是让你拥有一天、一年,而是伴随你的终生,你因此而放射出光辉。

这是亚洲第一位诺贝尔文学奖获得者对林徽因最真挚的赞美与祝福。眼前的这位少女是如此美丽,也是如此蕙质兰心,她的风采亦令不少人为之倾倒。徐志摩的苦苦追求,梁思成的亲密陪伴,她就像是一位公主,受尽人世的眷恋宠爱。

不久后,林徽因和梁思成赴美留学的事情尘埃落定,船票也已经订好。她即将再次离开祖国,奔赴大洋彼岸的远方。上一次,陪伴在她身边的是父亲,而今,是她一生的伴侣。她不是不知道,自己这一去,有一个人会因此伤心失望。但是,既然无法给他承诺,又何必多说呢?他们注定要走向不同的人生啊!她也有许多话,想要同他说清楚,但有些事情说得太清,反而不留余地,令人更加难过。林徽因选择将那些话沉淀在心里,任由时光稀释过往的一切,她期待的,不是未完的余音,而是彼此更成熟和灿烂的明天。

她站在夕照的余晖里,身侧有一个温暖踏实的肩膀,随时可以依靠。碧海茫茫,涛声沙沙入梦,迎接她的,将是一个崭新的未来,而这个未来,是由她和思成一同谱写的。想到这里,她的嘴角不由得微微弯起,像做了一个甜美惬意的梦。

远行·万水千山永不失散

远方，彼岸。千山万水，跋涉而去，或许两地风霜的苦苦追寻，只为挨近一个传奇；或许亦是为圆一场梦，为暖一颗心。远行，总有千百种理由，离开一片伤心地，开始一段新旅程，看一路迥异风景。从三月飘摇至七月流火，从南国芬芳到北地幽茫，从潇湘碧海到白塔钟声，寂寞的旅途，唯有天地无声，静默地常年相伴。

或许，追寻心中理想，去一座圣洁的城，虔诚朝圣，是远行最温暖的理由。告别了熟悉的家乡，踏上陌生的路途，若是心中笼着一团炽热火焰，那么即使风尘仆仆的旅程，身体也不会失去温度，也不负流景，不伤离情。

南国七月，最是炎热的酷暑。早熟的柑橘已点金般缀在枝繁叶茂的枝头，蝉声像匆匆的流水，不停歇，只高歌，唯一令人心头一凉的，只有幽深的竹林和山泉。而在7月的美利坚合众国的宾夕法尼亚州，这片秀美典雅的土地，却恰是好时光。风和日丽，天暖花开，空气里渗透着一种令人神清气爽、精气神一振的味道，行走在城市里的人们高挑且修长，隆鼻深目，是迥然的美和风情。

林徽因和梁思成抵达美国之时，正是在最好的7月间。他们来不及打量这片陌生的国土，一下船就连忙赶到伊萨卡的康奈尔大学。因为时间紧迫，他们要赶在暑假，去那里选修补习功课，通过之后才能到宾夕法尼亚大学进行注册。一行人里还有梁思成在清华时候的同窗陈植，他亦打算攻读建筑系，他们费了一番周折，终于在康奈尔大学落下脚来。

梁思成租了一间小小的寓所，作为安顿之地。虽然小，林徽因却很喜欢。因为这间小公寓有一个精致的阳台，阳台外带黑色的雕花栏杆，线条流畅，像云彩一样优美。站在阳台上，可以眺望不远处的青山和森林，山林深处，已略略透出一层枫叶的红，当真是美不胜收。

在康奈尔大学，林徽因选修了两门课程，分别是户外写生和高等代数，而梁思成则报了户外写生、水彩和三角静物三门课程。他们时常在天气晴好时，背上画架去写生。伊萨卡是一座美国东部小城，全城不过万余人口，而康奈尔大学的学生就占了大半。城中的建筑物只有两种颜色：奶黄色和浅灰色，都是极其温柔浅淡的颜色，林徽因远远眺望时，便觉得这里仿若是一幅淡雅的油彩画。

　　康奈尔大学坐落在两座峡谷之间，三面傍山，一面绕水，山翠水绿，明艳得宛如一颗自然淬炼的翡翠。迷人的风景，令林徽因心醉神迷，然而最令她感到自由的是此地的教学方式，一种纯粹的、自由的、不设藩篱栅栏的教学方式，很能够发挥出学生的潜力。虽然都是国外，然而英国和美国还是有许多不同之处的，康奈尔的校风充满了人情味，令林徽因不由自主地感到一阵亲切。该学校的校友会设置在一幢奶黄色的楼房里，大厅里挂着历届校长的油画肖像。一旁的长条桌上，陈列着每一届走出康大的毕业生名册，记录着他们在学术和社会事业上的成就，以及他们对母校的捐赠明细，毕业生和在校生捐赠的桌椅等物品都刻着他们的姓名。每一处小细节，都令人觉得宾至如归。

　　新的生活，使林徽因的生命焕发出新的光彩。然而，好景不长，总有一些不愉快的事情萦绕在心头，令她惶然不安。梁思成的母亲并不喜欢她，这是林徽因一直都知道的，她并不像梁母，是旧式大门不出、二门不迈的闺秀，她渴盼新事物，渴望有自己的世界，希望自己可以自食其力，即使不能长成参天的大树，但也不想成为柔弱的绿藤。那也是梁思成所不愿看见的，他钟情的正是那个有主见、敢追寻的林徽因。林徽因以为，天长地久，自己终究一日可以打动未来婆婆的心，让她看见，思成选择自己是最完美的。

然而，在抵达康奈尔大学不久后，梁思成收到了长姐梁思顺的一封来信，信中对林徽因颇有非难。欲加之罪，何患无辞？这样的来信并未终止，甚至其中有一封信说，梁母是绝对不会接受她的，至死也没有可能。这样冰冷残酷的词汇，令林徽因十分难过。她自幼就渴望一个幸福健全的家庭，但她的家庭始终是畸形的，她的母亲也始终是不幸福的。她渴望的家庭生活，和睦的家人，友好的气氛，在梁思成母亲与长姐的苛责里，化为了泡影，这是多么令人难以接受的事实。

她细腻、柔婉的心灵，似乎不能承受这样的痛楚。在深重的压力之下，林徽因开始整夜整夜的失眠，迅速地憔悴下去。母亲的施压、恋人的痛苦，梁思成亦是心如刀割，他不能强硬地回应母亲，也无法放开心爱的恋人，进退两难的折磨，令这个风度翩翩的年轻人也极快地消瘦下去。他在给梁思顺的回信中写道：感觉做错多少事，便受到多少惩罚，非受完了不会转过来。这是宇宙间唯一的真理，佛教说"业"和"报"就是这个真理。

这场痛楚，令深爱的两人万分难过。为此，林徽因甚至向梁思成提出，让他一个人去宾夕法尼亚大学，自己则留在康奈尔大学，这就是想要分开的预兆了。她深信，只有这里的青山绿水，才能治疗她心灵上的创伤。情到深处，却要经历这样的纠结凄楚，她不知道，自己究竟该何去何从了。梁思成自然无法同意，他们千里迢迢地来，并不是为了失散在异国的土地上。

于是,两人陷入了冷战。

内外交困下,林徽因病倒了。

病来如山倒。林徽因连着许多天都在发高烧,始终不退,时而冰冷,时而滚烫。诡谲的幻梦宛如狞笑着的恶魔,幽深的海底,血盆大口的怪兽,阴冷无边的狭长山谷……她紧闭着双眼,泪流不止。那样的痛苦,就连梦中都深深地蔓延进去。

许多天后,她的病才一点点退去。梁思成始终陪伴在她身边,一如当年她照顾他。看到林徽因缓缓睁开眼睛,他不由得长长地叹了口气,双眸里流露出感激和如释重负。好几次,他都担忧,她会不会不再醒来。若此生再不能看到她依偎在自己怀里,笑得清亮明媚,那么他取得再多的成绩,又有什么意义呢?可笑他这样傻气,到此刻才明白,谁才是生命中最举足轻重的存在。

那是林徽因,那是将要成为他的妻子和他儿女的母亲的女人,是要陪伴他一生一世到白头的人。而这段时间,他居然忍心将她丢弃到绝望的黑暗里。他摘来一束野花,静静地放在她的床头,重新向她露出了温和的笑意。

那束自山野而来的鲜花,还带着清晨的山露,开得娇艳又明烈。林徽因拿着那束花,抬眸凝望着思成,一切尽在不言中。她抿了抿嘴角,久违的笑颜,终于再度出现在两人脸上。

在完成了一个多月的补习之后,林徽因和梁思成来到了宾夕法尼亚大学。宾大坐落在该州的首府费城。这里曾经是美国第一个首都,亦是美国历史最为悠久的城市。它处于特拉华河与斯库基尔河的交汇处,风景独特,宾夕法尼亚大学就建立在其中一条河流的西侧。它与哈佛、斯坦福被当地公认为全美最好的三所学校。梁思成后来就读的建筑研究院,更是宾大各类学科中的翘楚。

他们顺利完成了注册——除了遇上了一点小问题。他们原计划都报读宾大的建筑系,然而却被校方告知,建筑系向来不收女生,这并不是歧视或什么的原因,而是因为建筑系的画室开放到很晚,若是女生留在画室到夜深,不安全,也不方便。综合多方面原因,林徽因改报了宾大的美术系,而建筑系的功课,她则通过选修来学习。

人生旅途上,谁能不承受点儿风雨?再顺遂的人,也会有过凄凉的长夜。可是,那又何妨?从谷底到山尖,其间风景辽阔,从山脚湖泊采撷到山腰遍野的花,继而一览众山。

生命,不正是这样一个循环不息的过程?只要记得当年窗外,那轮明月;只要记得从前脸上,坚定笑颜;只要记得往昔心中,炙热火焰。这一切,都不过尔尔。经历了这些风雨,林徽因更加坚韧地成长,她已明白,痛苦只是一时伤痕,只要自己足够强大,再尖锐的风也无法令她憔悴和萎落,她爱的,想要的,不愿分散的,只要她想,世间并没有什么,能分开两颗相爱的心。

第四章

诗意芳年 一身诗意千寻瀑

一个足够强大的女人，是需要用自己来证明自己的。她们同样迷醉于爱情，同样沉溺于亲情，家庭带来的欢乐她们亦是甘之如饴。除此之外，她们的心里，还有一片属于自己的天地。那里除了自己，谁也轻易打不开。在那片风景独好的地方，她们从容地行走，踏遍荆棘、寻遍芳草，最终栖息在水泽芳美的地方。在繁重的世俗羁绊里，她们没有迷失自己——这已足够骄傲。

真情·幸福追赶流年

有人说,一个女人幸或不幸,取决于她是否得到了一个真心疼惜自己的人。这样的论断,实际上也得到了世俗的认同。女人的存在价值,仿佛和其伴侣绑定在一起,甚至需要以此判断她的幸福指数。诚然,一个幸福美满的家庭,温柔呵护的丈夫,懂事听话的孩子,能够让一个女人变得更加完美。然而,若只是成为一个人的妻子,抑或是一个人的母亲,那么,什么是自己?女人们,若是通过爱情或亲情来证明自己,那么这架关于人生的天平上,多少成分完全由自己掌控?

一个足够强大的女人,是需要用自己来证明自己的。她们同样迷醉于爱情,同样沉溺于亲情,家庭带来的欢乐她们亦是甘之如饴。除此之外,她们的心里,还有一片属于自己的天地。那里除了自己,谁也轻易打不开。在那片风景独好的地方,她们从容地行走，踏遍荆棘、寻遍芳草，最终栖息在水泽芳美的地方。在繁重的世俗羁绊里，她们没有迷失自己——这已足够骄傲。

走过属于自己的人生之路的人，心总是比旁人要更坚定沉静一些。

身处宾大的林徽因，亦是如此悄然地坚定地走着属于自己的人生之路。流年里，她逐渐成长、成熟，宛如深海里的珍珠，光芒被开凿，整片珊瑚海都因此璀璨流转。

宾大的北面不远处，有一片黑人聚居区。休息日里，林徽因时常会和梁思成散步至此。这里和繁华的费城宛如两个截然不同的面，这里是连绵数英里的贫民窟高低不平七零八落的住房，墙面上是各种奇形怪状的涂鸦漫画，街道歪曲，满地的垃圾。这里的人很难有机会能看到东方女性。因此，当他们看到林徽因时，便吹着口哨，不无恶意地调笑。她不是听不懂，却并不在意，总是以笑容面对他们的种种行为。

对世间的善恶美丑，林徽因有着最大的包容心。

当然，他们散步的地方并不止一处。附近也有集市，东西琳琅满目，特别是美食，总令人垂涎。林徽因最钟爱一家小摊上的油炸燕麦包，梁思成则喜欢瑞士干奶酪和黎巴嫩香肠，至于老同学陈植他，那被中华美食养刁的胃，则是什么都很不习惯。集市上的水果和蔬菜都十分新鲜，每次出来，林徽因总会带一些回去，也算是改善伙食。

等到兴致高的时候，他们也会雇一辆马车，去附近的蒙哥马利等小城去郊游。独特的风景和建筑，时常令林徽因一行人流连忘返。别有风光的美式乡村田园，是陈植最为喜欢的地方。而奇特的盖顶桥梁，则令那对小情人乐不思蜀。夕阳落下，留一片灿烂无际的晚霞，他们的影子徐徐延展，落入溪流，落入乡野，那一瞬间，仿佛有了永恒的余韵。

这三人都是优秀的学生。实际上，当时能够出国留学的中国人，都是国内学生中的翘楚。然而，美国人却并不这样理解。他们称中国学生为"拳匪学生"，极尽嘲笑之能事。唯独对林徽因和陈植另眼相待。他们都是性格开朗活泼的人，陈植课余活动十分丰富，经常去大学俱乐部唱歌，说话又幽默风趣，深受欢迎。林徽因作为一名难得一见的东方女生，生了一张美丽脸孔，又能讲一口流畅英语，跟她打交道，宛若如沐春风。因此，林徽因在宾大的人际关系，相当不错。

只是功课未免有点头疼。她的思维十分发散，想象力丰富得如天马行空，一张绘图在她手中，一个想法冒出来，修改，再修改，最后总是潦草得不成样子，差点赶不上交作业的最后限期。幸好有梁思成，每次这个林徽因眼中的"万能先生"总是及时出来拯救，阻止她层出不穷的奇妙想法，修出一张流畅绘图。

梁思成也从不责怪林徽因，她灵感丰富，是成为一名好建筑师的基础配置。有时，他的灵感也会因她而激发。倒是她自己，觉得每次都是如此收场，有些内疚。可转眼间，她又会因为某个心血来潮的念头，拉着梁思成去博物馆参观。

宾大的博物馆，是典型的"低调且华丽"的博物馆，因为在当时知道的人并不多。其中的珍贵文物极其琳琅，收藏了许多国家的瑰宝。林徽因徜徉在博物馆时，竟然发现唐太宗陵墓的六骏中的两骏——"飒露紫"和"拳毛䯄"也被收藏在此。六骏原是唐太宗在创建唐王朝的各次征战中的坐骑。贞观十年（636年），李世民下令画家阎立本绘制骏马图，并分别雕刻在六块巨大的长方形石灰岩上，在右上角刻上马的名字，注明该马是在哪次战争中所乘用的，而且刻有其评语。后来，石雕存入昭陵，却在帝国主义入侵后，将这两骏盗至美国费城大学博物馆。在昭陵，林徽因还见过其他四骏，分别是"青骓""什伐赤""特勒骠""白蹄乌"。看到国家的宝物，隔着千万里的大洋出现在异国的土地上，她心里充满了悲伤。胸腔深处仿佛有什么在呐喊，不经意，眼睛里已水雾朦胧。

那本来应该是跟着其他四匹名骏在昭陵，一同守候着逝去的帝王，和华夏历史上空前繁荣的王朝。命运却将它们俘获到遥远的他乡，流着炎黄之血的后人，在此相见，也在此感慨万千。

1926年，在美国生活了四年的林徽因，接受了一个访问。她的一个叫毕林思的美国同学，要给家乡的《蒙塔纳报》写一篇访问记，她采访了林徽因。在气氛良好的厅室里，她凝望着窗外，小径上种满了绿色灌木丛，新生的嫩绿扑跌而至，生机酝酿在春日的空气里，令人精神一振。和气的阳光飘洒进来，将她秀美的轮廓描摹成淡淡的剪影，她的声音也是淡淡的、令人愉悦的。

她说起往昔的事情，提及从前和父亲旅居欧洲时，那时她还是一个小女孩儿，却因为美丽如神话的欧洲建筑，萌生了成为一名建筑师的想法——这个想法对于中国的女孩儿来说，非常奇异，她们可以成为教师、护士，一切需要温柔天性的职业，成为建筑师，却是不敢想象的。

她还说起了英国女孩儿和美国女孩儿的区别，虽然都是金发碧眼的深轮廓美人，但明显美国女孩比英国女孩更开朗和平易近人，这大约是因英式文化中也有培养"名门淑女"的倾向，所以相较而言，英国女孩在交际上，更矜持谨慎。林徽因并不避讳地坦言，由于这一点，家中的几位姑姑，在得知她要去美国留学时，很是担忧，生怕她将美国女孩那种格外的开朗热乎给学回来。

"开始我的姑姑阿姨们不肯让我到美国来。她们怕那些小野鸭子，也怕我受她们的影响，也变成像她们一样。我得承认刚开始的时候我认为她们很傻，但是后来当你已看透了表面的时候，你就会发现她们是世界上最好的伴侣。在中国，一个女孩子的价值完全取决于她的家庭。而在这里，有一种我所喜欢的民主精神。"关于这点，她有属于自己的看法，并不为世俗所左右。

正当林徽因在宾大重新寻找到自我价值，并为之快乐时。国内却传来了一个噩耗——梁思成的母亲去世了。梁母的病并非一日两日了，早前她在国外动了手术，然而，却没能将她治愈。梁思顺拍来电报，要梁思成回去奔丧。梁启超却连来信三次，要长子专心学业，只教梁思永回去。连母亲的最后一程，都未能送上，梁思成伤心欲绝，母亲的音容笑貌，似乎还在眼前。这个打击，他实在是很难接受。

为了开解恋人，林徽因想了一个主意。她陪着梁思成到学校后面的山坡上，面朝着家乡的方向，为逝去的母亲祭奠。思成写了一篇祭文，在山坡上焚烧成灰，当作对母亲最后的送别。林徽因亲手摘来鲜花，编成一个圣洁花环，挂在树枝上。风轻轻吹动，黄昏，淡薄的暮色四起，思成坐在小山坡上，无声地流泪。

他的痛苦，她亦是感同身受，如果可以，她愿意一力承受。然而，在清冷的晚风里，她只能轻轻握住他的手，驱散他的寂寞，好让他知道，这一路上，他终究不是孤身一人。天长地久，她会陪他，走到世界崩塌的那一天。

守候·岁月给你爱的回音

始终非常喜欢一个词——"沉淀"。其实深爱的是积年累月后的生命沉淀。刘禹锡说：沉舟侧畔千帆过，病树前头万木春。这未尝不是岁月沉淀后的从容。人生啊，只有经历生命中的种种悲欢离合，才能从苦痛欢愉里提取出笑看风云千千万的淡然。念当时鲜衣怒马，笑倚栏杆，看遍疏狂，少年意气衬着风花雪月，本身就如诗般美貌动人。又念当年纵横九州，风霜打头，仗剑江湖浑不怕，也曾风靡过南北。只是当岁月匆匆离去，也有许多东西随之而去，当然，也留下了许多。

告别往昔，留下的仿佛便是一个容貌相似的新生。可积淀里，总有一些事情是永远不会改变的。譬如恨，譬如爱。大洋彼岸的那个女子，徜徉在公平的时光中，从少女成长为越发温柔婉约的女人。她品尝着爱，也承受着生命中的狂风暴雨。

梁母逝世不久后,梁思成收到家书,信中说林徽因的父亲林长民不顾朋友的劝告,执意去奉军郭松龄部中做了幕僚,乱世天下难定,到底是不知前途,甚是有性命之忧。林徽因得知之后,心里便有一种莫名的不安,她了解自己的父亲,却不了解这世间的形势。她唯有密切关注着国内的消息,一听到"奉军"的字眼,心头便是一阵狂跳。

她深知,那并非什么好兆头。

果然,未久,报纸上说郭松龄在滦州召集部将会议,倒戈起事,通电张作霖下野,并且遣兵出关。林徽因紧紧地抱住报纸,如茫茫海水中随海流漂浮的海藻,安定如最渺茫的奢望。很快,便有小道儿消息说,郭松龄在沈阳全军覆没,具体情况还没有正式发报。

她觉得眼前一黑,顿时心急如焚,不知如何是好。

梁启超在这时候写家书过来,梁思成犹自镇定,当着未婚妻的面不动声色,心底亦是忐忑不安。如果说报纸只是一份通牒,那么这份家书,仿佛是一个正式的噩耗。

信中这样说道:

> 我现在总还存万一的希冀,他能在乱军中逃命出来。万一这种希望得不著,我有些话切实嘱咐你。
>
> 第一,你要自己十分镇静,不可因刺激太剧,致伤自己的身体。因为一年以来,我对于你的身体,始终没有放

心,直到你到阿图利后,姐姐来信,我才算没有什么挂虑。现在又要挂虑起来了,你不要令万里外的老父为着你寝食不安,这是第一层。徽因遭此惨痛,唯一的伴侣,唯一的安慰,就只靠你。你要自己镇静着,才能安慰她,这是第二层。

第二,这种消息,谅来瞒不过徽因。万一不幸,消息若确,我也无法用别的话解劝她,但你可以将我的话告诉她:我和林叔叔的关系,她是知道的,林叔的女儿,就是我的女儿,何况更加以你们两个的关系。我从今以后,把她和思庄一样的看待,在无可慰藉之中,我愿意她领受我这种十二分的同情,渡过她目前的苦境。她要鼓起勇气,发挥她的天才,完成她的学问,将来和你共同努力,替中国艺术界有点贡献,才不愧为林叔叔的好孩子。这些话你要用尽你的力量来开解她。

梁启超在国内动用了一切关系,来寻觅林长民的下落,不久他便找到一个从乱军中跑出来的人,证实了林长民确然已死于内战。万分悲痛之下,他提笔给长子写信,这封信,辗转到了美国,已是多日之后。林徽因仿佛有所预知,非常沉默地打开信,一字一句地看过去,然而,每一个字都仿佛是悬在半空中,总是不得看真切了。

初二晨，得续电又复绝望。昨晚彼中脱难之人，到京面述情形，希望全绝，今日已发丧了。遭难情形，我也不必详报，只报告两句话：

（一）系中流弹而死，死时当无大痛苦。

（二）遗骸已被焚烧，无从运回了。

徽因的娘，除自己悲痛外，最挂念的是徽因要急煞。我告诉她，我已经有很长的信给你们了。徽因好孩子，谅来还能信我的话。我问她还有什么话要我转告徽因没有，她说："没有，只有盼望徽因安命，自己保养身体，此时不必回国。"我的话前两封信都已说过了，现在也没有别的话说，只要你认真解慰便好了。

她很平静地看完信，定定地看着前方一会儿，仿佛神魂出窍一般。梁思成不敢惊动她，他最知道，那种瞬间失去至亲的感受，之于他来说，母亲的死是在很久之前就有所准备的。然而，徽因却几乎是在一瞬间失去了她的父亲。他轻轻地将她抱在怀中，过了一会儿，只觉得怀中的人一丝动静也无，才发现她已昏厥过去。

在黑暗里，林徽因仿佛做了一个很长很长的梦。她梦见幼时福州的故居，一幢极老却古朴的宅院，里面有许多花草，她是父亲的第一个孩子，总是备受宠爱，父亲时常引着她玩，又亲自指导她临摹古帖。记忆却忽然杂乱无章，一会儿是雾雨蒙蒙的伦敦,父亲淋湿了,湿漉漉的样子;一会儿又是在北京的家里,院落里纷纷闪闪的紫藤花,她找了许久,却都找不到父亲,心里的惶恐铺天盖地,尖锐的疼痛蔓延开来,疼得她生生从梦中醒了过来。她醒来,看见守候在一旁的思成,忽然眼泪就往下落,她晓得,梦里,她的父亲不见了;梦外,这个浩瀚的尘世,也不再有她可亲可敬的父亲。

她的父亲,明明是那样善良正直的人。

他年轻时,远渡重洋,在日本早稻田大学学习法律和政治。回国不久后遇上了辛亥革命,出任参议院秘书长。他一生都在为中国的民主和自由奔走不息,哪怕后来退出了政界,提起政界里某些改革,他还是眉飞色舞,神采飞扬。林徽因记得很清楚,她幼年父亲教她背诵的第一首诗,就是文天祥的《过零丁洋》:人生自古谁无死?留取丹心照汗青。

多年后,林徽因再次回忆起父亲——或许,那是父亲愿意赴死的方式吧。因为父亲不顾所有人的阻拦,硬是要去郭松龄将军麾下,是受了将军的诚挚邀请。张作霖的奉军,并不得民心。郭松龄发布宣言:反对内战,倡导和平;要求张作霖下野,惩办内战罪魁杨宇霆;改造东北,再造三省新局面。这个理念,同父亲多年来所追求的是一脉相承的。所以,他才会不顾一切,决心追随。他是怀着心中的崇高和光明死去的,这样的死,对于像他那样一生磊落的人来说,或许是最令他满意的。

而当时深重的悲恸,她是如何走过来的呢?具体的细节已在时光中模糊不清，但她还记得那个厚实温暖的肩膀，承载了她那段时间所有的脆弱不堪。很久之后，在思成的鼓励和帮助下，她终于敢面对这个不再有父亲的世界。父亲还在的时候，她还是林家最受宠的大小姐，可以无忧无虑，可以天真无邪。父亲的逝去，使得林徽因必须一夜长大。

一开始，她执意要放弃学业，回到福建老家。彼时，林家人已回福建。父亲是不可能留下多少积蓄的，家里还有一群孤寡幼子，她是家里的长女，必须承担责任。这个念头，在梁启超的多次阻拦下，终于消散而去，但她还深深挂念着家中的一切——既然无法回去，那么就努力修行，羽翼丰满的时候回去，或许会对家庭更有帮助吧。

在这种念头的驱使下，她抛弃了所有耽于玩乐的想法，以前所未有的热忱投入了学习当中。她时常不眠不休地作画、设计、修改，每一个细节都以精益求精的态度，细细斟酌并完成。极度的认真带来的是极度的操劳。可林徽因仿佛不知疲倦，夜以继日地学习、奋斗。仿佛在她身后，命运如狰狞的恶魔，追赶不休，她唯有不断前行，才能对抗身后的强大敌人。

时光沉淀后，她经历了人生中最大的痛苦。双眸中的活泼变成了沉默的温婉，看上去，依旧是那样山明水静、清秀温柔。然而，属于年少的开朗鲜活，却化作了一缕淡淡的忧郁，萦绕在眼里眉间。屋外残阳如血，映照出屋檐下歌声清越的贝壳风铃，叮当，叮当。她停下笔，凝神细听，一抬眸，已是黎明新来。

梦想·追逐一束自由的光

总是很喜欢一个传说：食梦貘。这种生活在古老故事里的小兽，据说浑身毛茸茸的，身体像熊，鼻子像象，眼睛却像犀牛，大约是上古的神，在创造了万兽后，用所剩的材料随意捏造出这种小兽，并赋予它以梦为食的功能。它吃掉的梦，却都是不好的梦，如果真的有这种动物，它应该是一种非常纯良的动物，人畜无害，为世间消除恐惧幻梦而来。

于是想，若是人间所有噩梦都消弭，留下的只是美好神奇的梦，那是件多么美妙的事情。有梦，才有行走的动力；有梦，也才有种种新生。梦想，是世界上最强大的力量之一。它是神奇的光，是香气，是无坚不摧高纯度的钻石，没有什么能够摧毁。因为梦想的驱使，林徽因远渡重洋，放弃了作为大家闺秀安逸舒适的人生，像每一个想要留下一点痕迹的人一样，勤奋而努力，发掘潜力，开拓未来。分明，她的人生路途，未尝要走得这样艰难；分明，她可以被娇养宠爱，藏在金屋里，做一颗璀璨美丽的宝珠。

可那样的人生啊，却并不是她渴望的人生！她梦想着，有一天她能够用自己的双手开垦一个世界，渴盼她用自己的双脚，走上重重石阶，同爱着的人并肩而立看彩霞；也希冀着，她的名字被历史铭记下来，并不是以谁的妻子或是谁的女儿或是谁的母亲的身份。她，应该就是她自己，林徽因，她自己。

当胡适从中国到美国，来拜访故友时，他所看见的便是这样一个心怀梦想、不断前行的林徽因。因为梦想的力量，她从伤痛中走出，她的双眸如星辰般闪亮。她告诉胡适，这三年的时光发生了太多事情，她已不再是当初那个少女，她改掉了许多坏习惯，学着从被照顾，到照顾他人。风雨将她的棱角磨平，也柔润了她的心。

胡适知道，她说的风雨，是指父亲林长民的过世。作为林长民的晚辈，他曾写信恳求他撰写自传，为世间留下一些研究资料。林长民答应了动笔，但每次都因为一些杂事屡屡中断。最后，他终于来信告诉胡适，等到自己过了五十寿辰，就动笔。可不曾想到，这一动笔，便再也没能落墨。

他对林徽因提及她父亲的往事，林徽因听完不由得泪眼蒙眬。胡适心知这个话题并不适合当时气氛，连忙说起一件喜事，其实这也算是件奇事——徐志摩和陆小曼的婚事。这桩婚事，纵使用惊世骇俗来说,也不为过。因为说起来,陆小曼在与徐志摩相恋时,还是有夫之妇,她的丈夫,也是徐志摩的好友王庚。王庚是国民党陆军中将,毕业于清华,曾在西点军校留学,亦是青年才俊。他和陆小曼在1922年结婚,一开始,他们三人都是可以畅所欲言的朋友。

可爱情的发生,就是那样突兀。徐志摩爱上了陆小曼,而陆小曼同样深深爱上了这位才华横溢的大诗人。她素来不是孤芳自赏的花,她需要爱,也需要被爱。徐志摩又向来是遇上爱情就不顾一切的。这份违背了纲常伦理的爱,一时闹得满城风雨,最后收场,是王庚主动退让,成全了他们。然而,他们的婚事,依旧在徐志摩父母那里遭到了阻碍,虽然他们没有彻底拒绝这门婚事,可他们提出如果徐陆非要结婚,首先必须请梁启超证婚,其次婚礼和婚后的费用自理,他们不再过问一分一毫。因为在徐父母眼中,儿媳妇唯有张幼仪一位。张幼仪与徐志摩离婚后,他们不肯张幼仪离去,还让她住在徐家,一起生活。

请来梁启超证婚,这也不是件容易的事情,梁启超素来不赞成这桩婚姻,最后还是在多方劝说下,出席了婚礼。然而,这位学术界的泰山北斗却在婚礼上直言:"徐志摩,你这个人性情浮躁,所以在学问方面没有成就;你这个人用情不专,以致离婚再娶……以后务要痛改前非,重新做人!"老爷子性情耿直,心直口快,一番话说得在场宾客面面相觑,都不知道该如何圆场。幸而,他是徐志摩的老师,德高望重,也无人敢反驳。

至于婚后生活费，原本徐志摩的稿酬丰厚，足够维持舒适生活，陆小曼却大手大脚惯了，花钱如流水，徐志摩为了供养她，不得不到处奔波，为生活谋划。陆小曼的母亲曾叹息：这一生，是陆小曼害了徐志摩，亦是徐志摩害了陆小曼。若没有陆小曼，徐志摩不会各地奔走，以致飞机失事；而若没有徐志摩的出现，她不会再爱上另一个人，或许至今还生活得如贵妇。这都是后话了。

爱情的力量，或许就是如此神奇，命运更改、星轨转换，都不在话下。或许，他们的相遇是不幸，可是谁能说在电光石火世界独独为彼此而亮的时候，他们不是幸运的呢？有那么多人终其一生，也不曾遇上一个能够让自己用尽力气去深爱和疯狂的人。爱过、疯过的人生，终究有所可纪念。

胡适带来的消息，林徽因听得极其认真。自己身在海外消息闭塞，如今能够知晓朋友们的生活，她自然无比渴盼。听完徐志摩的近况后，她微微松了口气，笑了起来——他还是原来的老样子啊，一旦爱上了谁，那诗人的性情就发作起来，什么伦常，什么世俗，都不在他眼中了。可这样很好，他能够忘记过去，重新爱上谁，真的很好。何况，他爱上的人也爱着他。现在的他，大概能写出更好的诗了吧。

他们都要走着自己的人生。她也要面临新的人生了。6月过去，他们就要毕业了，新的抉择已摆在她和梁思成面前，迫在眉睫。思成是学院中的翘楚，他的两个设计方案获得了学院的金奖,莫说他是作为中国人的身份,就是本土的学生,也是很难得的。两个优秀的年轻人毕业之后,究竟该前往何方呢?当时他们的选择非常多,可以回国效力,也可以继续深造,提升自己。甚至还有著名的工作室发来邀请函,愿意为他们提供待遇优渥的工作。梁思成的意愿是致力于研究中国建筑史,却苦于手头没有资料。茫然之中,父亲梁启超的一封来信,解决了两人的困惑。梁公的信并不长,随信也寄来了一本宋代李诫著的《营造法式》。梁思成从中发现,在中国古代就有这样一本关于建筑方面的专著,满满承载着中国古代建筑的精髓,这岂不恰恰可以证明,中国建筑史是一部恢宏的巨著,足以值得他穷尽一生去挖掘。于是,他们决定继续深造,在可以静心学习的环境中,不辜负这好时光。

梁思成转入哈佛大学研究生院,攻读东方艺术,林徽因则在获得美术学士学位后,选择了耶鲁大学戏剧学院,并在帕克教授工作室中学习舞美设计。在宾夕法尼亚大学的美术系,林徽因获取了扎实的美术功底,这使她能够从容应付各种绘图工作,加上她在国内时就曾出演过话剧,舞台设计对她来说,亦是游刃有余。卓越的工作能力,令她获得了帕克教授的认可,也获得了同学们的喜爱。

在林徽因如鱼得水时,梁思成在哈佛的学习却并不顺畅。作为研究生,他的专业能力早已超越了许多同学。而在他研究东方艺术时,他发现西方对中国艺术的了解,只是停留在表面,并未涉及深层，甚至有许多误解。他清楚地意识到，在这里他应该大展拳脚。想清楚后，他决定申请延交论文，因为需要花费一定的时间，去研究，去探索，去写出一篇真正涉及艺术内核的论文。

时光荏苒，他们很快就要告别学生时代，迎来新的人生挑战。可以专心致志钻研学问的学生生涯即将一去不返，未来，他们需要面对的是这个复杂的时代和世界。在此之前，林徽因和梁思成决定紧握彼此双手，订下三生盟约，一同去披荆斩棘，去征服这个浩荡的世界，去追逐自由的光。他们心中，没有恐惧，没有惶然，因为他们拥有彼此，有所依赖，也可以被依赖，他们有决心，完成这场人生的旅程。

芬芳·你我终将携手同行

若是要问一生中最神圣的时刻,大约有许多人不假思索地回答,是婚礼。是的,还有什么比婚礼更加神圣呢?钟声敲响,白鸽纷飞,在圣洁的高台上许下彼此一生不变的诺言,自此茫茫人海中各自漂泊的两个人,被这个伟大的契约签订终生,负起对彼此的责任。瑰丽华美或简约淡雅的婚礼,都是令人一生难忘的。当礼堂的红毯铺开,玫瑰花瓣洋溢着深厚芬芳,洁白的纱裙缓缓走过一地芳香,谁能忘记这神圣的时刻?从相识到坠入爱河,从争执到重归于好,走到婚礼上的恋人,一千对恋人有一千种艰辛,然而,他们的幸福愉悦,却都是不约而同的。

林徽因和梁思成亦是在经历了多年相恋之后,终于走入了婚礼的殿堂。彼时,他们都不再是刚来美国的少男少女,学业、学识、丰富的交往和思考,他们成熟了,如伊甸园里的丰美果实,渐渐沉甸凝重。她温软秀丽，而他风采如玉。多年前，他们的家长已打算为他们结成秦晋之好，然而那时他们都还觉得自己有更重要的事情要做。如今，他们各自完成了学业，梁思成修完了宾夕法尼亚大学的建筑课程，为了未来能更好地投入工作，他又赴哈佛大学学习建筑史，继续研究东方建筑，半年后，他成为一名建筑学硕士。而林徽因，从丧父之痛中走出，无比虔诚地投入学业，她用了三年时间，完成了需要四年的课程，获得了宾大美术学士学位，后来转入了耶鲁大学戏剧学院，在一位名教授的工作室中，学习了半年的舞台美术设计，这在中国历史上还是独一份。

看到林徽因和梁思成都各自学有所成，梁启超怀着欣慰之情，着手准备这对小儿女的婚事。按照中国的惯例，要先订婚，再行结婚礼。由于婚礼是在国外举行，梁启超便将订婚举行得十分隆重，虽然两个主角都不在现场。也幸而，文定（订婚的代称）中家长出面更多。这些细节，他在完成订婚礼后，不乏得意地向长女梁思顺写信说道：

这几天家里忙着为思成行文定礼，已定于（1927年12月）十八日在京寓举行。因婚礼十有八九是在美举行，所以此次文定礼特别庄严慎重些。晨起谒祖告聘，男女两家皆用全帖遍拜长亲，午间宴大宾，晚间家族欢宴。我本拟是日入京，但（一）因京中近日风潮正恶，（二）因养病正见效，入京数日，起居饮食不能如法，恐或再发旧病，故二叔及王姨皆极力主张我勿往，一切由二叔代为执行，也是一样的。今将告庙文写寄，可由思成保藏之作纪念。

聘物我家用玉佩两方，一红一绿，林家初时拟用一玉印，后闻我家用双佩，他家中也用双印，但因刻玉好手难得，故暂且不刻，完其太璞。礼毕拟两家聘物汇寄坎京，备结婚时佩戴，惟物品太贵重，生恐失落，届时当与邮局及海关交涉，看能否确实担保，若不能，即仍留两家家长处，结婚后归来，乃授与保存。

……

梁思成慈母早年去世，林徽因亦是失去了父亲，他们的婚事几乎是梁启超一人独力支撑，可怜天下父母心，从一块玉佩的挑选，梁启超都是费尽心思，唯恐婚礼上有一个地方不够尽善尽美。为了确保婚礼顺畅进行，未久，他又写信给梁思成，让两人去加拿大。当时，梁思顺的丈夫周希哲时任我国驻加拿大总领事，梁思顺随夫出国，梁启超早已写信给长女，教她负责筹办弟弟的婚礼。他写给梁、林二人的信，亦是极尽详细。

这几天为你们的聘礼，我精神上非常愉快，你想从抱在怀里"小不点点"，一个孩子盘到成人，品性学问都还算有出息，眼看着就要缔结美满的婚姻，而且不久就要返国，回到我的怀里，如何不高兴呢？今天北京家里典礼极庄严热闹，天津也相当的小小点缀，我和弟弟妹妹们极快乐的玩了半天。想起你妈妈不能小待数年，看见今日，不免有些伤感，但她脱离尘恼，在彼岸上一定是含笑的。除在北京由二叔正式告庙外，今晨已命达达等在神位前默祷达此诚意。

我主张你们在坎京行礼，你们意思如何？我想没有比这样再好的了。你们在美国两个小孩子自己实张罗不来，且总觉得太草率，有姐姐代你们请些客，还在中国官署内行谒祖礼（礼还是在教堂内好），才庄严像个体统。

婚礼只要庄严不要侈靡，衣服首饰之类，只要相当过得去便够，一切都等回家再行补办，宁可从节省点钱作旅行费。

……

1928 年 3 月 21 日，婚礼如期举行。选择在 3 月 21 日举行婚礼，是这对相恋多年的恋人共同的选择，对于他们来说，在宋代工部侍郎李诚立下碑刻的日子里，结为夫妻，亦是人生的另一种圆满。那天的温哥华，美得像一卷古画。温润的季风，从海面上吹拂而来，山脉连绵起伏，山间的针叶林簌簌摇动，日色浅淡得近乎没有，整座城市浮动在雾色里，宛如一个流淌的梦。

她眉目如画，神色温柔而诗意。婚纱并不昂贵，却极尽柔美，浅色的花边长长的纱，走过红毯，如走过一缕明净的月色。她的双眸却明亮如星，闪动着最真的柔情与爱意。新郎正装而来，眉间几寸紧张，几寸不安，却在见到新娘的那一刻，都汇聚成无声的欢喜。他轻轻握住她的手，领着她，推开礼堂的门。

像是一个巨大的藏宝盒，藏满了欢乐与惊喜。管风琴优雅整洁的声音，摇曳出一曲誓言，巨大而明亮的红烛整齐地照亮了整座教堂，薄暮晚霞的流光倾泻进来，落在座中每个人的脸上，新人举步走来，宾客虔诚的祝福和由衷的高兴，流入他们眼中，这是一场备受期待与祝福的婚礼。林徽因浅浅笑着，从今往后，她将紧握这种幸福。

为他们证婚的是一位蓄着长胡子的牧师，他神情十分严肃，庄严肃穆地向这对新人阐述婚礼的定义——爱是崇高的语言，等同于神圣的上帝。在上帝面前许下的誓言不是儿戏，而是需要以终生的点滴来回应的契约。优雅的琴声缭绕在十字架上，牧师的话凝重如一字千金，他问梁思成："你愿意娶这个姑娘做你正式的妻子，爱她并珍惜她，无论贫富或疾病，至死不渝？"这样的问话，梁思成听得并不少，当牧师询问的对象是自己时，心中的震撼和冲击却如排山倒海，男儿有泪不轻弹，他握紧了林徽因的手，却湿润了眼角，轻声回答："Yes。"

同样的话，也问向林徽因。在回答之前，隔着朦胧的白纱，她抬眸望了一眼梁思成，这个即将成为她丈夫的男人，即将携手终生不离不弃的人,她更明白,婚礼的含义——彼此的一生,自此紧密绑定,她将分享他的喜悦、悲伤、荣耀和光芒,他也将成为她坚实的后盾,一生一世一双人。这样的幸福,近在咫尺。她亦是热泪盈眶,对着牧师,对着满座宾客,也对着神圣的上帝,坚定回答:"是的!"

她愿意嫁给梁思成为妻,永远地爱他、珍重他、保护安慰他,陪他走过艰辛岁月,也伴他漫步悠悠人生。相依相伴,生死与共,一起构筑一个属于他们的世界。

牧师宣布他们正式结为夫妇,也宣布新郎可以亲吻新娘。他执起她的手,为她戴上了一枚镶嵌着孔雀蓝宝石的戒指,掀开头纱,轻吻他的妻子。花瓣纷纷撒落,一路芬芳,星光皎洁辉煌,一切缤纷璀璨。身后,牧师的话依旧圣洁肃穆:"愿这幸福的一天,与你们相伴终生。"是的,他们永远都会这样幸福下去。

同样含泪凝望的,还有座中梁思成的长姐梁思顺。多年来,她深受母亲的影响,并不喜欢林徽因。在母亲去世后,她一度非常厌恶她。梁思顺想,若不是这个女孩子,弟弟大约不会在母亲弥留之际,也不赶回来送母亲最后一程;若不是她,大约母亲也不会带着遗憾离开,九泉之下,徒然有心愿未偿。幸好,在梁启超的多次写信解释之下,梁思顺终于解开了心结,接受了林徽因。这次相见,她已能够怀着欣赏的态度,去理解接受这位终将成为她弟媳的女子。

当初匆匆一见，林徽因还是一个美丽却略带稚气的女孩子，而今在岁月的沉淀里，她已是一位风姿如画的女子，时光对她是格外从容的，她的容貌、气质、灵魂，都像是一抹天边的晚霞，流光溢彩，却柔和静好。或许，能够和这样的女子结为夫妇，共度一生，亦是弟弟的福分吧。她终于理解了父亲的选择，也终于明白思成的决定——那确实是一位值得被呵护和宠爱的女子。

林徽因和梁思成都未工作，因此婚礼的费用，大多数是梁启超和梁思顺筹措的。看着弟弟成家，作为年长八岁的姐姐，长姐如母，梁思顺亦是开颜。婚礼结束后，她又准备了好几桌丰盛的婚宴，招待迢迢而来的宾客们。她是以真心去接纳这对新人，林徽因看在眼中，心里感动不已。婚礼结束后，在前往欧洲度蜜月之前，她拉着梁思成，对姐姐和姐夫深深地鞠躬。如今的林徽因已正式是梁家媳妇了。梁思顺笑着扶起了林徽因。过往的芥蒂，烟消云散，她们开始真正理解对方，耐人寻味，却美好。

韶光如流梦，夜色燃烧半座城市，温柔的风声流连过耳畔唇角，她驻足，望尽千帆，望遍霓虹，身侧是一个温暖怀抱，她想依靠就可以依靠。这是一件多么好的事情！她想：她已寻获了最珍贵的幸福。

第五章

跌宕情缘
平静中卷起爱的波澜

  大家族的生活，竟然也可以如此安静美好。林徽因望着眼前一切，心中微微震撼。她也是从大家族中走出来的，虽然有着父亲的宠爱，可她幼时的生活，却并不像表面上看起来那样温馨宁静。她从未想过，原来在人口众多的家族生活里，也可以表里如一地和睦友好。她庆幸与自己结为连理的，是一个那样好的人，而他，又是来自那样好的一个家庭。

风景·证明我们的痕迹

冬有冬的来意,

寒冷像花,——

花有花香,冬有回忆一把。

一条枯枝影,青烟色的瘦细,

在午后的窗前拖过一笔画;

寒风里日光淡了,渐斜……

就是那样地

像待客人说话

我在静沉中默啜着茶。

——林徽因《静坐》

一直很好奇,为何上苍会将如此深重的厚爱,赋予在一个小女子的身上，让她一人，汇聚美丽、才华、爱情，甚至是诗意的心。她聪慧、灵秀、美好，是人间温暖的四月天，亦是心头倾泻的白月光。她是轻盈的飞燕，掠过窸窣摇曳的春日柔光，飞过雨雾迷蒙的烟草屋檐，划过骄傲蔚蓝的遥远苍穹，世界的每一个角落，都是她深爱过的地方。当她走过康桥，记住了薄暮雨色里的诗情；当她漫步绮色佳小城，明秀山水丰盈了她的诗心；而当她重新来到伦敦，脚步轻轻，眼波浅浅，浸润了一身诗意。

英文中的"sweet-mouth"，被翻译成"蜜月"，真是甜蜜无比。仿佛婚姻生活中所有的甜蜜都聚到三十天的时光里，极尽娇憨之能事，好似在这段时间里，爱情是可以恣意挥霍的。林徽因和梁思成的蜜月旅行，首站选在了旧地伦敦。其实更多的是梁启超的意思，他以为，新人应该去那个充满神圣建筑的地方，去造访巍峨的人类奇迹。

之于林徽因，那是一场故地重游，是叩击生命旅程的开始，亦是追念父亲的行走之途。泰晤士河两岸繁华依旧如往昔，气势浩荡地宣告着大不列颠帝国的风光无两，林徽因望着如织的游人，默默地想起当年的自己。阳光普照，她透过时光，仿佛看见了昔时梳着两条辫子的少女漫步在河畔，念着济慈的诗，身旁有一个清瘦书卷气的男子，沉溺微笑。摊开手心，她才发现，原来时光已过去那样久，父亲已去，陪伴在自己身侧的，亦不是那个诗意浩瀚的男子。而自己，也已为人妻。大概这是物是人非最好的注解。

英国的圣保罗大教堂,是他们造访建筑之行的第一程,这座文艺复兴时期的成熟建筑,百年来始终巍然屹立在英国都城。风雨侵袭,日光流淌,它渐渐凝固成一首古老的乐章。它是18世纪著名建筑师克里斯托佛·伦的手笔,布局和谐完美,形状高大气度恢宏,有两层楹廊,严丝合缝的砖石里没有一丝中世纪建筑的痕迹,这已是一座相当完美的文艺复兴建筑。这么多年来,这里成为一座圣殿,并不仅是因为这是一座教堂,还因为这里埋葬着两位伟人的尸骨——打败拿破仑的威灵顿,以及海军大将纳尔逊。这两位在英国人心目中,都是战功赫赫流芳百世的传奇。

林徽因漫步在圣保罗大教堂中,作为一个来访者和学习者,她不只单纯信仰或膜拜。这里的一砖一瓦、一笔一画,都仿佛触动了她的心灵。她不禁轻轻吟诵出一首歌德的诗:"它像一棵崇高浓荫广覆的上帝之树,腾空而起,它有成千枝干,万百细梢,叶片像海洋中的沙,它把上帝——它的主人——的光荣向周围的人们诉说。直到细枝末节,都经过剪裁,一切于整体适合。看呀,这建筑物坚实地屹立在大地上,却又遨游太空。它们雕镂得多么纤细呀,却又永固不朽。"

梁思成亦是沉浸在人类伟大的艺术中,激动得声音都有些发抖,他告诉林徽因,这里让他想起了《圣经》里拯救了世界和人类的挪亚方舟,如此的神圣又巍峨。他们携手走过教堂的每个角落,梁思成看见了它作为建筑的每一寸闪闪发亮,而林徽因却看见了它作为艺术品所凝聚的所有诗意。

历史和诗歌是密不可分的。伦敦城里还有许多如诗的建筑:布莱顿皇家别墅,是一座用铸铁建成的建筑,浑身充满了东方式的浪漫情怀;而庄严肃穆的英国议会大厦,则是一所充满古典韵味的建筑;海德公园的水晶宫,则是这对小夫妻都十分钟情的地方。除了构架成分是铁之外,水晶宫通身都由玻璃制作而成。灯光流泻,交相辉应,走在宫中的人,仿佛行走在渺渺海底。这不同于圣保罗大教堂和布莱顿皇家别墅,它完全是新时代新技术创造出的新建筑,神奇的科技,将从前只能存在于童话或传说中的水晶宫,化作了现实。作为一个诗意的女子,林徽因以特别的灵心敏锐地感知到新生事物带来的截然不同,她在日记中写道:水晶宫是一个大变革时代的标志。

带着满满的收获和感动,林徽因和梁思成离开了英国。他们的旅程其实才刚刚开始,等待他们的是以严肃自律而著称的德意志。踏上这片国土,是一个下着薄薄春雨的日子,细细的雨如同轻柔的羽毛,轻吻着大地上的一草一木,它落在缤纷的蔷薇科植物上,落在波澜不惊的易北河上,落在河畔纤细柔弱的小柠檬树丛上,隔着白雾,雨色像是在田野的尽头,连成了了一线。

那是波茨坦当年的第一场春雨,浸润了旅人风尘仆仆的心,引着他们走进爱因斯坦天文台。这座天文台,是著名的建筑师门德尔松的作品,他设计的目的是纪念爱因斯坦的相对论的诞生,就连爱因斯坦本人都对这个作品赞赏有加。这确实是一座独特的建筑设计,塔楼是建筑主体,屋顶墙面仿佛天衣无缝浑然一体,并且还嵌入了时代力量和速度的象征。

站在天文台外,林徽因最先感叹的是它流水一般流畅的线条,如同一只引吭高歌、呼唤着同伴即将飞翔的天鹅。她留恋于这种一气呵成的美,梁思成却觉得这更像是一部复调音乐,纵横鲜明,又交相呼应,如乐曲里的双重音符,撞击跳跃,恢宏奔放。雨雾里,天文台是那样美,那样迷离,又是那样富有新时代的生命力和寓意,林徽因不由得站住,静静感受心底每一分被冲击时的震撼,殊不知,几米开外的梁思成举起相机,按下了快门,留下了凝固时光的永恒。照片上的林徽因清秀柔美,没有惊动四座的明艳美貌,却自有沁人心脾的淡远芬芳,宛如清澈流水,甜美地温润着世人的心田。

在德国,他们还参观了包豪斯学院刚落成的校舍,这是一所以培养建筑师而声名远扬的学院,这里的师生都是建筑界的翘楚或是未来的翘楚。校舍是全体师生的心血,在这里,他们再度感到新时代的冲击力,现代之美在建筑的线条和转承启合中,被发掘得淋漓尽致。这座建筑群由三部分组成,分别是教学楼、实习工厂和学生宿舍。空间布局的特点鲜明,根据每个建筑的使用功能,组合成既可以分开又可以整合的群体,行走在这样的群落里,宛如行走在时间和空间里,无比地和谐。在德国，他们还参观了巴洛克和洛可可时期的一些建筑：德累斯顿萃莹阁宫、柏林宫廷剧院、乌尔姆主教堂，与希腊雅典风格的慕尼黑城门，以及历时六百三十二年才落成的科隆主教堂，这些人类的珍贵瑰宝，让他们的心门更加开放、自由。

从建筑中，可以看出一个民族的心性，也可以窥见一个国家的精神。林徽因一路走着，一路记着，从北美到英国，从英国到德国，风景在她眼前开合，建筑在她心中流转，双脚走过的地方，都留下了她的痕迹，而那些美丽的风景和建筑，也在她心里留下了永不消退的痕迹，被她萃取提出，在时光中凝结成一个个瑰丽动人的故事，他日若是有缘，自会被人轻轻展开，透出一室柔润光芒。

惊艳·谁把你的容颜印在心上

法国，巴黎。

有人说，法语是世界上最美丽的语言，而巴黎，是世界上最美丽的城市。一座城，有的美在圣洁，有的美在妖娆，有的美在大气，有的美在骄傲。可巴黎的美，是一种温柔的美，安静如沉石，波澜不起，荣辱不惊，沉淀了千年的优雅，亦缄默平和。默然的美丽，尽管不耀眼，不夺目，但可千回百转，久经世间尘埃后，蓦然之间回眸，才发觉，那种淡淡的美早已凝固在心河。

温柔的城，总能吸引温柔的人。

时光如洗，匆匆洗去万千情愫的斑驳痕迹，凡尔赛宫外的玫瑰年复一年，灿如朝阳，芬芳了谁的梦乡，甜美了谁的过往。多年前，那一身素雅的女子经过这里，握着爱人的手，笑意清淡而满足，如同途经巴黎的梦里，最温柔纯净的那一个。

上次来到巴黎，还是和父亲同行。林徽因记得，在欧洲列国的首都中，巴黎是与众不同的。就算是下雨，巴黎的雨也仿佛更加有诗意。这次的巴黎之行，始于一个明媚的春日。巴黎的春天，想到就觉得心情明亮。香榭丽舍大街上洒满了灿烂阳光，蛰伏了一个冬季的行人衣冠楚楚地出街行走，翩然而来，又翩然而去，巴黎人是就算花枝招展，也不讨人厌的蝴蝶。开阔的道路两旁种着高大的乔木，树冠绽开，如一顶顶巨大的绿贝雷帽，平添了数种风情。林徽因挽着梁思成的手臂，静谧地走在这漂亮的街道上。

路旁开了许多小咖啡馆，间或一些颇有特色的露天酒吧，年轻人们把酒言欢，身旁却摆着一堆专业书籍，看似是刚从考试中挣扎出来的。也有三三两两背着画架的艺术家们，衣袖上带着点不褪色的油彩，买了杯咖啡，慢悠悠地欣赏着巴黎的春色。她微笑着看着他们，赞叹道："你看，巴黎的春天多美啊！他们活得多么幸福啊！"

生命，若一生都能够为幸福而活着，那么或许悲伤便无孔可侵。

思成亦是微微一笑，低下头，低语在林徽因耳畔："我也觉得非常幸福……因为有你。"

他们相视一笑，继续前行。此行的目的地是耳熟能详的巴黎圣母院。早前，林徽因便看过雨果的《巴黎圣母院》，少女悲惨的命运和撞钟人卑微的爱情，在她心中激荡起一股奇异的悲悯，而原著中的巴黎圣母院，亦是建筑史上的一座奇观。这是一座早期哥特式建筑，整体向上延展，远远望去，温柔得如同母亲伸展的双臂。它生得极美，三座尖尖拱门堆起一座塔楼，中间是镶着玫瑰边的花窗，瑰丽灿烂，宛如骄阳。

林徽因深深凝视着这座极美的宗教建筑，深思道："它看上去就像是一位祈祷的少女，她跪在地上，向上帝伸出双手，可是她在向上帝祈求着什么呢？"

过了许久，梁思成沉稳的声音响起："我想，她大约是在祈求无限和永恒。人类的生命在上帝眼中如蜉蝣一样短暂，但人类也希望能够获得时光的垂青。"

他是了解她的，如温厚的兄长，总是能够在她迷茫时，予她温柔安定的指引，这一次，亦不例外。徽因最清楚，只有他的怀抱才是自己最温暖的港湾。

如果说巴黎圣母院令林徽因感叹人类的美妙想象，那么卢浮宫则让她在短短的时光里，就目睹过人类世界最为珍贵的艺术瑰宝，令她屡次叹为观止。法国的卢浮宫收藏了许多人类文明史上最骄傲的作品，站在这里，林徽因被伦勃朗的画作深深吸引了，实际上，卢浮宫里有许多盛名的画作，镇馆之宝达·芬奇的《蒙娜丽莎》亦囊括其中。可林徽因偏偏喜爱伦勃朗，在她眼里，只有他的画才真正体现了基督教的悲悯精神，仁慈，博爱，一双眼睛里，藏满了主对人类的宽容。

她流连在各种展厅中,仿佛穿梭在悠久的时光里,瞬间从古希腊百花盛开的时期,穿越到文艺复兴时期繁华璀璨的深处。在文艺复兴的雕塑展厅里,梁思成久久站在米开朗琪罗的《挣扎的奴隶》面前,林徽因说:"断臂维纳斯虽然没有双臂,可是展现在人们面前的却是勃勃生机,然而这《挣扎的奴隶》虽然肢体发达,透出的信号却是屈辱的悲剧,表现出的是人的挣扎和扭曲。"

梁思成非常赞同林徽因的见解,他说这令他想起了罗丹一尊叫作《微笑》的雕塑,罗丹没有雕刻头颅,只通过肢体和肌肉来表达人物的笑意。这种手法已经非常接近音乐和建筑了。他身为建筑师,总归是三句话不离本行。林徽因总是会心而笑。

巴黎是浪漫人的天堂,浪漫人却总要告别巴黎。当林徽因和梁思成坐上离别的火车前往下一站时,他们默默地回望这座美丽的城市。夕阳落满塞纳河,河水波光粼粼,岸边,此时正是散步的好地方,清风、余晖,翩然穿行的小舟,金发的姑娘们淌入人流,风景线处处都有。下一站罗马,等待他们的又将会是怎样的风景呢?

作为历史名城,欧洲最为古老的城市之一,罗马又会给他们带来怎样的惊喜?当他们走出车站,微风拂面,淡淡的斜阳飘荡在城市每个角落,每一处转角都镀上了柔软的油彩。和温柔浪漫的巴黎不同的是,罗马是生机勃勃的,是带着野心和物欲的城市,这种物欲,是人类对征服自然的渴望。因此,罗马的建筑大多是恢宏壮丽的，如史诗一般浑厚激越，散布在整座城市。

罗马的圣保罗大教堂，是两人的目的之一。那是一座和巴黎圣母院风格迥异的宗教建筑，它始建于文艺复兴时期，因此明显有许多古希腊、古罗马时期的神庙痕迹。而这种建筑的特点是简洁单纯，穹隆高达百米，饱满有力，清晰明了，唯一美中不足的，是教堂的大厅。林徽因心思细腻，眼力极好，一眼就看出了这座古建筑的败笔。

她带着审视的目光，略微遗憾地看着大厅。刚开始建造这座教堂的时候，建筑师布拉曼特采用了希腊造型，然而由于教会的出面干涉，设计师由布拉曼特换成了拉斐尔，教会施压于拉斐尔，不得已之下，他设计出穹隆面前一个长长的大厅，大厅的长度，掩盖住了穹窿的雄伟。多年里，教会反复命人修改圣保罗教堂，最后由已是高龄的米开朗琪罗接手，他去掉了大厅的烦琐设计，着力于突出大气磅礴的穹隆。然而不久后，米开朗琪罗逝世，之后的马丹纳为了容纳教堂足够多的信徒，又恢复了大厅的设计。

于是，圣保罗大教堂便以这副模样，屹立至今。圣保罗教堂是米开朗琪罗半道出家的手笔，而西斯廷教堂上的巨幅顶画，则凝聚了米开朗琪罗的巨大心血。这是一幅以《旧约·创世记》中的宗教故事为主题的天顶画，米开朗琪罗花费了四年多时间，才完成了这幅画。由于在天棚上作画，因此每天他不得不弯腰仰头工作，四年下来，他落下了仰头弯腰走路的习惯。然而，换来的是震世之作。当林徽因和梁思成走进西斯廷教堂时，穹顶上的画瞬间吸引了他们所有的注意力，就算是看得脖子酸疼，目光亦是执着地落在那片天空上。

或许，那就是艺术的魅力。极致的美，极致的想象力，可以为之生，为之死，为之付出一生所有。他们徜徉在艺术的天堂，浑然不知所以。然而，流连的时光总会结束。结束在悄然滋生的思乡情怀里。幼时背诵的古诗：举头望明月，低头思故乡。朗朗上口的背诵，没有在年幼的心里留下动人的痕迹。诗中的情意总是要等到多年后，某个一闪而过的瞬间，忽然回忆起，而后念起遥远的故乡，心里忍不住，绵软得一塌糊涂。

从世界的这头到世界的彼端，从一个国家跨越到另一个国家。多年里，他们往返于国外的月色下，为生命，为梦想，像流淌不息的河流一样努力着。他们尽力忘却故乡的美，以此按捺心中的愁绪。然而，当归程在即，当失落的游子即将返回故土，他们再也不必压抑心中的思念。在罗马的广场喷泉下，两个年轻人紧紧相拥，彼此没有言语，可是也不用言语，谁都知道对方心中的每一个想法。多年的共同生活，早已让两个相爱的人变得默契如斯。

大雁南飞，总有飞回北方的时候；花开花落，次年又将是一片晴好绵红；展翅高飞的儿女，也总将回到祖国的怀抱。

1928年，盛夏光景，林徽因和梁思成踏上返程的火车。路遥遥，天茫茫，他们最后一次回首，似乎想要将过往的风光，珍藏在心中，永不忘怀。沿途风光漫漫，离去也不是一件容易的事情，离愁别绪总会漫上心头。可幸好，长路上，都还有你的陪伴。林徽因低下头，轻轻依偎着爱人的肩。

你，才是永远惊艳我的容颜。

成全·爱与痛妥协成一种成全

归途，天南水北，自遥远的他乡归来，一路山高水阔，风霜满面。三月的风，四月的雨，五月的阳光和六月的花，仿佛是一场穿越时光的旅行，目光流连处，总有些东西如约定一般，在脑海中恋恋不去：是车窗外孩童无瑕笑脸，诠释天真和纯洁的笑脸；抑或是平原上盛开的千树梨花，忽如一夜春风来，千树万树梨花开；或者是一抹柔光，从地平线上缓缓升起，将大地与天空渲染清明。

可再美好的风景也挡不住回家的脚步。在外流浪了多年的游子，心中浑然充满了对故土的思念。只有这时，他们才会明白，有家不能回的凄凉。幸好，他们有一个家，坐落在北方那座帝都，温柔地等待着他们的归去。深知归途的尽头总会有人等、有人盼、有人守候着这场归来，那么，急切的心情便仿佛有所安定，匆匆流逝的风景，也有了欣赏的意义。

1928年，林徽因和丈夫搭乘火车，从苏联回到中国。窗外，是最后的异域风情，浩瀚无边的白色森林，一望无际的暗色原野，间杂着冰封的湖泊，那是西伯利亚高原留给林徽因的第一印象。她从欧洲温润的优雅中走出来，隔着一层车窗，欣赏这前所未有的荒凉奇迹，澎湃点燃了她心中的火焰，浑厚芬芳了她的眼里眉间。从此，她对生命和自然的感悟，又有了不同的理解。多日的旅程，结束在目的地大连。他们还没来得及欣赏大连的美，就匆匆踏上了前往天津的轮渡；到了天津之后，即刻转乘火车。

暌违多年的家，终于要在一对新人眼前，和他们梦中的思念，无缝贴合。站在那道红色高门前，梁思成握住林徽因的手——虽然早已是夫妻，然而作为新妇，她还是第一次踏入他的家庭。大门缓缓向他们敞开，首先迎出来的便是梁思成的奶母王姨，王姨知道小两口就要回来，提前给他们收拾好了新居。作为大家长的梁启超不苟言笑，然而眼中流淌出来的欢喜和感激，却真切地感动着他们的心。一切都是如此快乐，就连梁思成的小妹妹梁思宁，也格外喜欢新嫂子，围在林徽因身旁问长问短，在她眼中，新嫂嫂大概是世界上最美丽的女人，她没有旧式习气，也未曾沾染西方格外的"洋气"，她身上，自有气韵高华，优雅，高贵，却并不令人望而生畏。

大家族的生活，竟然也可以如此安静美好。林徽因望着眼前的一切，心中微微震撼。她也是从大家族中走出来的，虽然有着父亲的宠爱，可她幼时的生活，却并不像表面上看起来那样温馨宁静。她从未想过，原来在人口众多的家族生活里，也可以表里如一地和睦友好。她庆幸，与自己结为连理的，是一个那样好的人，而他，又是来自那样好的一个家庭。

唯一令林徽因担忧的，便是公公梁启超的身体。这位可亲可敬的老人，身体总是时好时坏，差强人意。孩子的归来令他着实高兴了好一阵子，病情也随之有所起色。可病根总是不能清除。他为孩子们操心了一辈子，早在他们回国之前，便为梁思成的工作奔波了好一段时间。他写信给尚在旅途中的他们，说他为梁思成筹谋的两个工作，第一个是清华大学，第二个是东北大学。他更愿意儿子留在清华，毕竟父子同在一个地方，他这把年纪已是舍不得孩子再度远行。可梁启超毕竟不是等闲儿女情长的老人，审时度势，他以为到底还是东北大学更适合孩子的发展。

当时，清华大学正是是非之地，各方力量都在争取对清华的控制权。一个校长的职位，竟然有三十多人角逐。虽然梁思成凭借自己的实力能够在其中谋得一席之地，可终究清华人才济济，并不缺乏梁思成这样的人才。倒是初入正轨的东北大学，虽然地势偏远了一些，却求贤若渴，十分愿意梁思成过去任教。

两相权衡之下，梁启超写信过来，说他已为他接下东北大学的聘任书，梁思成月薪有二百六十五元，是当时刚工作的教员中薪酬最高的。实际上，到了东北大学之后，梁思成的薪水每月有八百元之多。教授美学和建筑设计的林徽因，每月也有四百元。东北大学前身是国立沈阳高等师范学校和公立文科专科学校，当时东北当家作主的"少帅"张学良，亲自捐款三百万元，改造校园，并在东北大学建成之后，出任校长一职。1923年，东北大学正式成立，在北陵前占地五百多亩，分别有文学院、理学院、工学院和法学院四个学院，而梁思成和林徽因所在的建筑系隶属工学院。

离开熟悉的第二故乡北京，林徽因心中充满了万般不舍。她在这里成长，这座城市已同她的生命紧密相连，难以分割。这里，有她的时光印痕，她关于深爱着的父亲的回忆，也有她和朋友们爱过笑过的流光片影；这里，还是她和思成相遇相爱的地方，或许，中国这样大，再也没有一座城市能代替它的地位。她在回到故乡福州之后，才渐渐明白了远行的意义。那趟回乡之旅，是在她到了东北大学不久后请假回乡探望母亲之时。应乌石山第一中学的邀请，她还为师生们作了一场"建筑与文学"的讲演。其实福州才是她真正的故乡，生她养她的地方。不论是哪个故乡，都是林徽因眷恋怀念的土壤，行走在故乡的彩云下，她才能真正想明白一些事情。

譬如，命运的流离和迁徙。

就是不断地流离，不断地迁徙，走过不同的地方，看过不同的风景，感受不同的人情，她的生命才因此完整和有意义。

这种流浪并不悲伤，也不应不舍，那是一场追梦的旅程，是一种放纵生命的享受，亦是一次人生巍峨的涅槃。有离别，才会有重聚；有放弃，才会有成全。恨过的人更明白爱的含义，痛过的人更热爱追逐幸福的瞬间，妥协过的人更了解顺从和成全之后的快乐。

伊始，建筑系只有梁思成和林徽因两人，他们采用英美式教学方法，各年级的学生全都汇聚在一个大教室，他们分别教授十几个学生。林徽因的课是当时建筑系学生最喜欢的课程。她的教学并不拘谨于室内，而是常将学生们带出教室，让他们身体会自然之美，感受建筑的细腻。最常去的便是昭陵和沈阳故宫。保存完好的古建筑，为林徽因提供了现成的课堂，她带着学生们亲身走过一砖一瓦，用幽默又锋芒毕露的语言，深入浅出，简明扼要，挖掘出建筑之美。学生们所接受的不仅是关于建筑的知识，更多的是人文的魅力。

在林徽因的课堂上，学生是自由的，他们能够任意驰骋想象力，专注自己最喜欢的那一点。这样的教学效果显然是极好的。可以说，东北大学建筑系是在梁思成和林徽因两人手中逐渐发展完善的。作为女性，林徽因付出的心血甚至比梁思成还更多。她时常在课下为学生补习英语，东北大学的教学方式，要求学生们用英语对答，然而学生的英语基础却并不理想。因此，她经常要花一些私人时间在这上面。她时常在课后带着学生去爬学校操场后的北陵，当时，学生们还并不知道，这位美丽温柔的女老师，即将要成为一位母亲。

月夜中的校舍里，林徽因和梁思成的小家总是最后一个熄灯。自幼生长于南方的林徽因，并不适应北方的严寒，零下三十多摄氏度的气温，令她的身体急剧清瘦下去。她原本就小的脸瘦得越发楚楚，只有那双大眼睛，还闪动着明亮柔润的光。她经常感冒，很长时间都不能痊愈，病弱的身体，却还是每日支撑着备课、上课。

在林徽因眼中，这一切都是值得的。当她看到东北大学建筑系，逐渐从一个寥落清冷的新系步入正轨，学生们也在以飞快的速度进步着，再也没有什么能比这更令她欣慰的。她是以一位母亲的身份，看着这个亲手由他们心血凝聚而成的建筑系发展起来的。现在小有所成，当真是一件极好的事情。她和梁思成开始打算研究中国的古建筑，这是他们此前早就约定好的。然而，就在他们准备新工作的时候，一封从北京发到东北的电报，如一个晴天霹雳恶狠狠地落在两人身上。

或许，生活从未一帆风顺。它真正的状态应该是一波未平，一波又起。无数的烦恼堆积构筑了生命里种种色彩。林徽因希望所有一切都平安和顺遂，偏偏事与愿违，这个美好的愿望注定在颠沛流离的人生里轰然落空。这时，她唯一能做的就是不要让自己倒下。

无奈·谁爱这不息的变幻

有人说,生命是一场无常变化。你不知道,万里晴空下一个顷刻,是否是倾盆大雨。你也不知道,遍地的青草鲜花,会不会转瞬枯萎凋零;你更不知道,在漫漫人生的征途上,等待自己的,会是什么。谁也无法回眸,前世的委婉;谁也无法预测,来生的彷徨。在强大到无以匹敌的命运面前,我们能做些什么呢?或许,唯有"珍惜"二字而已。一分一秒,都怀着无比虔诚的心,去感受、珍重。

多年来,林徽因总是小心翼翼地珍惜着生命中的一切,她铭记一路上的风景,珍重与父亲在一起生活的点点滴滴,此时,她身为人师,亦是用最真诚的心,去拥抱每一个学生。对于始终珍爱宠溺她的公公梁启超,她更像他的女儿,孝顺着他。离开北平(1928年—1949年叫北平)前往东北,她最忧心的便是公公的身体，临行前，她曾谆谆嘱咐王姨和幺妹千万要好好照顾他。她还打算一放寒假，便回北平去探望老人。

然而，没能等到寒假开始，梁思成家中发来急电，说是父亲病重，希望他们赶快回来。看到电报，林徽因顾不上收拾东西，便匆匆和丈夫赶回了北平。此时，梁启超已在协和医院住了一段时日，病情却反复无常，时好时坏。他曾写信给在东北的长子，说自己胃口十分不好，一塌糊涂，以致高烧不断，精神也相当委顿。信上的字迹潦草，显然当时梁启超精神已十分不济。在外多年，父亲总是给他们写信来，告诉他家中的大小事情，一字一句，都是放不下儿女，操不完的心，可那时，信里透出的精神气总是好的，他们从未想过，原来自己顶天立地的父亲，总有一日也会倒下——那是林徽因和梁思成不敢想，也不能想的。

他们怎么也想不到，那竟然是父亲给他们写的最后一封信。他们一下车便直奔医院。躺在病床上的老人，看见儿子和媳妇归来，勉强笑了一笑。林徽因却是鼻子发酸，只强忍着不在公公跟前落泪。这哪里是他们精力旺盛的父亲，床上的老人，脸色苍白憔悴，病弱得连话都不能讲，只欣慰地瞧着他们，用目光表达一切。

出了病房，林徽因流泪告诉前来探望的徐志摩，父亲实在是太辛苦，可总不顾自己的身体，还在强撑着写《辛稼轩年谱》。徐志摩听着林徽因的话，心中亦是无比心酸，他隔着门窗，不敢打扰病中的恩师，只能劝慰林徽因几句。其实，伤心的时候，任何安慰的言语都是苍白的。徐志摩亦心知肚明。

梁启超的生命已被医生判为死刑。他的主治医师杨继石和美国医生伯伦莱告诉他们，梁公的病刚开始被诊断为肺炎，后来他们通过化验，在他的血液中发现了一种"末乃利菌"，这种病相当罕见，全世界不过寥寥数人，唯一对付该病的只有碘酒，可这种治疗方法只能用在身体强健的人身上，梁公积弱已久，只能用强心剂勉强维持生命。

西医治疗没有效果，于是医院为梁启超采用了中医治疗，没想到经过一段时间的治疗后，病情竟然有了起色。喜悦之下，梁思成宴请徐志摩、金岳霖等几位好友来庆祝。那天，梁思成十分高兴，他们在东兴楼小聚之后，又去金岳霖家中探望他的母亲。当时，金岳霖借住凌叔华家中，凌叔华家有一块红色地毯，原是新月社的旧物。而今，物是人非，当年的觥筹交错、把酒言欢还近在眼前，却亦是再也无法触及。

未承想，不久后，梁启超病情再度恶化，这次病情的汹涌程度令当时中国最好的医生都手足无措，无奈之下，院方决定为梁公注射碘酒。注射次日，梁启超便出现了呼吸急迫、神志不清等情况，显然已是很难渡过这个难关。梁思成强忍着悲痛，给在南开大学的二叔发急电，让他来见父亲最后一面。

人间无论什么事情，带上了最后两个字，总有几分绝望悲伤的意味，最后一次相见，最后一次握住彼此的手，最后一次在时光中匆匆擦肩而过。当二叔带着思宁赶来，梁启超已在弥留之际。梁启超深深地看着梁思成和林徽因，这是他最为钟爱的一双孩子，然而，命运却要他和他们永远诀别了。老人的眼角，滑落几滴无奈的泪水。

望着眼前情景，林徽因再也忍不住，落下了眼泪。为何上苍要这样残忍，一次又一次夺走她心爱的父亲的生命。他们都是那样好那样慈祥的人，一生未做过错事，却偏偏要这样早就离开人世。她的父亲，甚至没能等到亲手挽着心爱的女儿进教堂，而公公也来不及见一眼他盼望已久的孙子。

1929年1月19日下午2时15分，梁启超于协和医院病终，时年五十七岁。当时，梁家向大众发布了讣告：家主梁总长任公于一月十九日未时病终协和医院，即日移入广惠寺，二十一日接三。全国各地的报纸刊物，都以显要位置刊登了梁启超逝世的消息，思想界文化界的许多名人也撰文追思，回忆梁公的点滴事迹。那一天，中国的思想文化界失去了一位伟大的人，他一生以天下为己任，遂号"任公"，著述一千四百多万字，然而在人生的终点，却没有留下只言片语的遗言。对于国家来说，梁启超的去世，正如失去了一颗耀眼的明珠；对于林徽因和梁思成两人，却是失去了生命中至亲至爱的父亲。

梁思成和林徽因含泪辞别了父亲，悲痛之中的他们强忍悲伤，为父亲设计了墓碑。他们都不曾想到，毕业之后的第一件作品，竟然是父亲的墓碑。这座墓碑高二点八米，宽一点七米，碑形似椁，古朴庄重，不事修饰。正面镌刻着"先考任公政君暨先妣李太夫人墓"十四个大字。年轻的时候，他们不曾侍奉老父双膝下，当慈父远去，他们唯有用这种方式，伴着父亲在九泉之下安然长眠。

许多年后，梁思成才从自己的主治医师口中得知了当年父亲去世的真相。那时，协和医院指派了最好的刘大夫为梁启超实施肾切割手术，当梁启超进入手术室之后，值班护士标错了手术位置，而刘大夫也没有仔细核对，便切除了梁启超那个健康的肾。这在当时，是院方的最高机密，刘大夫也很快离开了协和医院，因此，这件事情若非是多年后机缘巧合，或许就此被掩埋在历史中，再也无人知晓。

等到梁思成明白往事，时光再也无从追溯。当年的梁思成沉浸在丧父之痛中，亦是无力追溯。为了生活，为了理想，他们还必须远赴他乡，回到东北大学，继续投身工作。寒假过后，林徽因和梁思成返回东北。经过这场刻骨铭心的悲痛，林徽因越发清减，加上严重的妊娠反应，她几乎无法进食。梁思成十分担忧，多次劝说她暂时放弃讲台，在家休息。然而，林徽因却回答说，她只有站在讲台面对学生的时候，才能忘却心里的悲痛和身体的痛苦，唯有看到学生求知若渴的脸，她才觉得她的生命里，还有更重要的事情要去完成。

未久，两人在宾夕法尼亚大学的同学陈植等人，也相继来到了东北大学建筑系，他们久别重逢，林徽因和梁思成的小家就更加热闹了。更重要的是，他们的到来也壮大了东北大学建筑系的力量，他们计划中的许多事情，也有了实施的机会。经过一番努力，筹谋多时的"梁陈童蔡营造事务所"开张了，几人联手承接建筑设计，这不仅是梦想的实现，亦改善了生活质量。虽然说起来俗气，可对于钱，却是这对小夫妻眼下最需要的。

1929年8月，林徽因从东北回到北平，在协和医院产下一名女婴。孩子嘹亮的啼哭声中，她忽然明白，自己已真正成为一位母亲。生命的初始，是那样羸弱娇嫩，需要呵护，她望着女儿粉嫩的小脸，初为人母的骄傲自豪、忐忑担忧，油然而生。有一句话说，为母则刚，任何一位柔弱的女子，只要有守护的孩子，就会变得刚强坚韧，母亲为孩子撑起一片蓝天，为她构筑一个美丽而风雨不侵的世界。她想，她必须更加勇敢，为了这小小的生命，必须坚强和执着，就像幼时母亲守护着自己一样，她也要守护着自己的孩子。

生命的轮回，是生和死的更替。碌碌红尘里，有生命不断逝去，给活着的人留下难以言喻的悲哀；可也有生命不断降临，如流星一样，仓促来临人世，带来无限欢喜，也带来无限的希望。生生不息，世世流转。悲伤和希望，原来是可以共存的。这个道理，她应该早就明白。8月的北平，阳光密密麻麻，如天上流洒的一坛金色美酒，纵横帝都，到处都飘落着娇艳的芳香。窗外，喜鹊婉转浮云，怀中柔弱的女婴小小的，就像是一朵柔软的云，小心翼翼地落在林徽因怀里。刚当了父亲的梁思成，欢喜而好奇地注视着女儿，血脉的传承如此奇妙，令年近三十的大男人，浮现出了那样柔软惊奇的表情。他轻轻亲吻女儿的额头，只觉得她的一笑一颦、一个浅浅的哈欠，都牢牢牵住了他的心。世界上，在父亲眼中，没有比自己女儿更可爱的孩子了，父亲若是能再坚持半年，就能看到梁家第一位孙女的出世了。只是可惜了。

看到丈夫的脸色黯然下去，林徽因深知他心里想到了什么，她牵过他的手，轻轻地落在女儿的襁褓上，柔声说：我们叫她再冰好吗？梁启超号饮冰室老人，给女儿取名再冰，显然是为了纪念早逝的父亲。这个女孩，小名叫作"宝宝"，大名则唤作"梁再冰"，她的出世，冲淡了这对年轻父母因丧父而生的悲伤，也承载了他们对父亲深深的思念。

流光浮动，月色黄昏，在行走的过程里，无意间，林徽因完成了生命的轮回，她再也不是一个人，因为丈夫，因为女儿，她的生命因此完整。

第六章

起承转合
逃不开的人间悲欢

　　那是林徽因于每一个平静的岁月里，镌刻下的流年痕迹。时间可以令一个人的外表，摧枯拉朽般苍老而去，然而它并不能让一颗心以同样的速度枯萎凋零。纵使沧海桑田，纵使日月黯然，纵使天与地都消瘦，回首漠漠如织的时光长河，此时的我们，亦能够从满地的沙砾里发现柔光的珍珠。谁说，时光掩盖的只是秘密呢？

永远·深藏一段刻骨铭心的爱恋

打开青春的宝匣，拂去时光落下的厚厚尘埃，午夜踏着月光，悄悄地让回忆绽放，蝉鸣如歌，记忆的森林里，有一片青绿打着转儿，漾起空气中圈圈涟漪。那个莲花倏忽的瞬间，是否有人轻声叹息——再残酷的青春，亦是美梦一场。多少当时痛恨的时光，在积年后，却成为永远回不去和留恋的过往。记得当时年纪小，还可以肆意哭、任意笑，怨恨和喜欢，都还明了。再苍白的青春也有令人回顾驻足的美好，若是有一段深爱过的过往，那么少年的记忆，将会被永远郑重珍藏。

那么，在那位素净如莲的女子心中，是否也珍藏着一段深深的过往，如湖泊动人，如珍珠闪耀，如美梦一样，仿佛从未出现在她的生命里。大约是有的，那样诗意的人，纵使没有不断回忆来添油加醋的过程，她的青春年华，也曾刻骨铭心。只是往昔，已被安放在旧日的宝盒里，轻易不能动，也不敢动。它被埋葬在流逝而去的时光里，等闲间，还抵不上女儿从噩梦中醒来，带着哭音呼唤的一声"妈咪"。

孩子的呼唤，不管何时，母亲听到，总会第一时间跑到她身旁，柔声安慰，用尽心思。不知道为什么，或许是怀孕时情绪波动太大，加之身体状况并不好，女儿降生之后，极其容易受惊，十分爱哭，稍微一点儿动静，就会从睡梦中惊醒。而且，林徽因瘦弱的身体，缺乏用母乳喂养女儿的能力，他们只好用牛奶代替母乳。可这并不得小再冰的欢心，时常牛奶凉了，她也没喝下多少，于是只好再热。

积劳成疾，尚在月子中的林徽因病倒了，是旧日的肺病复发。医生检查之后，建议林徽因返回北平休养。东北干燥孤冷的天气，不适宜她再继续待下去。为了妻子的身体，梁思成决定送林徽因和女儿回北平，并且接来了林徽因的母亲照顾娘儿俩，祖孙三代也算是有个照应。当时的东北已不太平，日本人对东北的觊觎之心，人心惶惶。是非之地不应久留，加上梁思成也很想念妻子和小女儿，因此，尽管非常舍不得自己一手创办下来的东北大学建筑系，可他百般为难之下，依旧辞去了东北大学的教职，义无反顾地回到了北平。

为了让林徽因更好地休养，梁思成将母女俩送到了香山的双清别墅。山上空气清新，环境宜人，最适合休养。这座别墅是在1917年间落成的，因为早些年前乾隆皇帝曾到此题字"双清"，因而得名。这里风景优美，花木幽深，清泉流掠，院落的周围覆着琉璃瓦，矮墙上爬着深绿的藤草，花期时，零星的白色小花斑斑点点，衬着院子里一潭荷花，相应成趣。再冰已满了周岁，越发粉嫩可爱，她在院子里跌跌撞撞地学走路，那笨拙的姿态深有童趣，看得林徽因不由莞尔。

这天，正沉浸于天伦之乐时，忽然门铃叮咚响起，于是她穿过幽幽花木去开门。门外，站着衣冠楚楚的翩翩男子，她露出笑容，熟稔而亲切："你来了？"就像是多年前，伦敦雨季里的黑发少女，如翩跹的蝴蝶，辗转在他身侧。恍惚间，他只是如此以为。

徐志摩是在梁思成夫妇归国后，开始和他们重新来往的。当时，他和方令儒等人在北平创办了一个诗刊，就叫作《诗刊》。到了1930年年末，胡适邀请徐志摩到北京大学任教，权衡之后，徐志摩决定赴北平，就在他将起身时，林徽因寄来了一封信，信中附着一张照片，照片上的女子清瘦憔悴，缠绵病榻，唯有明亮的双眸，依旧清澈如泉。

他心中微微一痛，旧日的深爱，随时光消散如烟，然而还有一份爱沉淀下来。如今她当了旁人的妻子，还做了母亲，早已不在他的生命里。可他对她，依旧怀着一份说不清道不明的感情。那是爱，抑或是怜惜，是留恋，或者是依赖，他已分不清。但看到她的消瘦，他依旧会因她沉痛，准确来说，那更像是一份想要深深守护的心情，已不关爱恨。他只想看着她生活得幸福和快乐，安安稳稳地拥抱属于她的静好人生。

到北平之后，亦是徐志摩建议梁思成把林徽因送去山上养病。在上山前，林徽因为徐志摩的《诗刊》写了三首诗，分别是《谁爱这不息的变幻》《那一晚》《仍然》，她的诗风是温柔甜美的，恰如其人。她一向钟爱文学，上山后，徐志摩特意将刊印了她诗作的刊物送上山来，看到自己的文字变成铅字，流向大江南北，林徽因非常开心，脸色也红润了几分。

第二次来香山探望，徐志摩是偕同张歆海、张莫若等人前来的，看到朋友过来，林徽因神采飞扬地招待他们。她甚至还会同他们开玩笑，她不无烦恼地问老友们，自己是否是胖了。张歆海的夫人韩湘眉也是个爱开玩笑的，当即说，何止是胖了，还黑了点儿，被太阳晒得就像是个印度美人了。几人听了，哄堂大笑。徐志摩瞧着林徽因，她确实是胖了一点儿，这很好。香山果然是个养人的地方，两个月下来，她的脸色不再苍白，有了些血色，精神也开始好转，喝了下午茶后，还能有精力陪他们去游山。

山中风景独好，双清别墅，半山亭，西山晴雪，弘济寺。一行人沿着翠木小径，欢声笑语，行走在碧山流水间，感觉到满身畅快。林徽因显然非常高兴，熏风习习，她站起身来，为众人朗诵她的新作《一首桃花》。在香山休养的时间里，她也并没有彻底闲下来，香山的美景，最大程度地激发了她的诗情，前段时间，她写了一首《笑》，很是为人称道。而这首《一首桃花》，也被徐志摩赞为和"记得绿萝裙，处处怜芳草"是一样的境界，美到动人处，便是诗意流畅时。

微风浅浅，吹拂着她乌黑的鬓角和雪白的衣裙，衣袂翻飞里，她声音低柔温暖，一个字落下来，怦然掉落芳草间，仿佛砸开了繁花千万朵。"桃花，那一树的嫣红，像是春说的一句话：朵朵露凝的娇艳，是一些玲珑的字眼，一瓣瓣的光致，又是些柔的匀的吐息；含着笑在有意无意间，生姿的顾盼。看，——那一颤动在微风里，她又留下，淡淡的，在三月的薄唇边，一瞥，一瞥多情的痕迹！"

时光仿佛交错，在满山翠意的香山，徐志摩宛如回溯过历年的光阴，再度回到他和她最初相遇的地方。那时，他未成名，她尚年少。他将遍身诗意，献给了那场爱，她也曾倾心而来，最终却黯然而去。到底是有缘无分。曾经，他很想问问她，在康桥潋滟的水波畔，她对他，是否有过瞬间的深爱。然而，多年后，他不再执着于这个问题的答案。曾经爱过，或许当真爱过，那又如何呢？毕竟如今他们的身侧，都陪伴着此时深爱的人——那是过往再炙热的爱，都无法改变的。

只要那记忆，并不只属于他一人。只要那段刻骨铭心的爱，也被她珍藏。他们都曾走过彼此的生命，也都留下过永恒的印记，这大概已经足够美好。想到此处，他抬起头，对笑声深处的旧日爱人，露出一个纯澈笑意，而她也看了过来，微微颔首，不言不语，彼此却心有灵犀——他们的爱，属于被珍藏的过去。而他们的友谊，却属于天长地久的未来。

伤逝·给我一个叹息的结局

> 同时天上那一点子黑的已经迫近在我的头顶,形成了一架鸟形的机器,忽的机沿一侧,一球光直往下注,砰的一声炸响——炸碎了我在飞行中的幻想,青天里平添了几堆破碎的浮云。
>
> ——徐志摩《想飞》

1931年,梁思成离开东北,担任北平营造学社法式部主任,林徽因在双清别墅休养了半年后,身体大致恢复,于是,梁思成便去接妻子下山回家。那天,风秀江清,藤萝簌簌摇动,风深处,她给久别的丈夫一个拥抱,而后同几位好友打招呼。陪同梁思成的还有徐志摩、沈从文、温源宁等好友,为了庆祝林徽因恢复健康,梁思成高兴之余,特意在北京图书馆订了一桌筵席。

与君醉笑三万场,不诉离伤。和二三好友三四故交淋漓痛饮,回忆往事的悲伤和欢乐,瞩目前景的希望和灿烂,沉醉于人世琐碎的一点欢乐,未尝不痛快。席间,徐志摩看林徽因兴致极好,脸色红润,说话声亦带了点力度,他心里很是为她感到高兴。然而,不知想到了什么,他的脸色很快落寞了下去,仿佛一点清愁,点在眉心,郁郁难言。林徽因一瞥瞧见了,便柔声问他。

其实说起来,也算不上什么大苦恼。不过是当梦想的浪漫被现实的狰狞狠狠撕开,这位诗人午夜梦回时,总觉得怅然若失。他不知道,现在的生活是否值得当年的自己拼尽全力来换取。他也不是不爱陆小曼,只是有时候他会想,眼前那个热爱奢靡的女子,真的是从前那个热烈决绝,连眸光流转时都仿若迸裂一地珠光的女子吗?他曾深爱她的痴狂、她的勇敢,也深爱她的坚决,甚至为之不顾一切,结为连理,他曾无比欢喜地写道:梦洒开了轻纱的网。那是在蜜月时写下的句子,彼时,爱情的温度保持高温,它将他们都变成了盲从的人。现实是冰冷的,需要赤裸裸的金钱来维持的——尤其是,他的妻子对生活的享受有着极高的追求。

在上海福熙路,有一座石库门洋房,那是他和陆小曼的新居。家里加上司机、保姆等有四五个,只伺候三个人:陆小曼和她的父母。徐志摩在1931年往返北平上海之间有八次,每次回家,迎接他的都是这样一幅情景:冰冷的还未来得及收拾的餐桌，空荡荡的房间，他的妻子，或许深夜还流连在哪个灯红酒绿的场所，等到天色熹微才醉醺醺地回家上床休息，直至下午两三点才朦胧醒来。她精神焕发和欢声笑语的劲头，是属于黑夜的。

当然，他现在还是爱她的。所以，他还愿意为她的巨额消费埋单。有时，看着陆小曼轻轻一笑，他恍然里还是觉得，这一切到底是值得的。可并不是不累的。父亲断绝了经济往来，最爱自己的母亲不久前也去世了，幸好有胡适和江冬秀的照应，他可以在两所大学上课，每个月开出的月薪在六百元左右，这在当时真真是一笔巨款了。然而，之于陆小曼却依旧不够，钱在她手中，如流水一样迅速消失无形，没有钱时，她便去借，她是最无法忍受心爱的东西属于别人的。债台便渐渐高筑。为了还债，身兼两份工作的徐志摩不得不再去寻找赚钱的途径：无非是飞全国各地作演讲，抑或是写作到深夜长明。双重的压迫下，他的身体也越来越糟，经常感冒，却不得不为生计到处奔波，甚至为朋友的房屋出售充当中介，说到底，种种辛苦无非是为了钱。

有一次，他见到冰心，她请他说说最近的情况，他长叹一声，在纸上写下：想什么以往？——骷髅的磷光！从美梦的轻纱，走过骷髅的磷光，梦想和现实的差距，宛如云泥。他几乎都不敢再奢望什么未来，如果说有所祈求，他所祈求的，不过是妻子在花钱之前，最好能思虑再三。这些话，他没有办法说给旁人听，纵使是好友，他也难以启齿，毕竟，那是他执意求来的。然而当林徽因清泉一样的目光，温柔地落进他的眼眸里，他却像是受了蛊惑，将心底的所有话都说给她听，包括他的困惑和悲伤、忧愁和烦恼。其实她那里也没有什么劝慰的大道理，他只是需要这样一个温柔倾听的出口，她是他寂寞旅途上的温暖驿站，短暂的休息，就能令他元气饱满。

筵席结束后，她邀请他来参加她11月19日晚上在协和小礼堂举办的关于中国建筑艺术的讲座。他望着她，欣然允之。他说，他一定如期而来，做她的忠实观众。那时，他的眼眸熠熠生辉，宛如暗夜里，徐徐投落的星光。他们都不曾想到，原来那是彼此最后一次相见，最后一次约定，而那约定，注定是一场永远没有实现的约定。多年后，她风霜侵袭，羸弱如枯，想起那晚，依旧含泪——若是她的请求没有说出口，那么过往，是否不会那么悲伤。

1931年11月19日，林徽因落落大方地走上讲台，那是一场为外国使节所作的演讲。当穿着白色珍珠毛衣和深咖啡色毛呢裙子的林徽因款款而来，座无虚席的会场顿时安静下来，恍如所有人，都落入了一个轻柔的梦中。她娓娓而谈，温柔亲切而标准流畅的牛津英语，将来宾带入了一个神圣美妙的艺术殿堂。然而，她的目光轻轻掠过每个座位——她没有看见那张熟悉的脸。心里微微"咔嚓"了一声，他并非会失约的人。

当林徽因正在会堂高谈阔论时，在千里之外的上海，徐志摩同陆小曼狠狠地吵了一架。对于妻子不健康、消磨时光的生活方式，他终于忍无可忍，他这次回来为她带了许多画册，她于画画上其实颇有造诣，然而沉迷于享受的她，已经很久没有拿起画笔。他苦口婆心，希望她可以回归家庭，他并不要求她安心当个好太太，只要稍微健康地生活，他便满足了。可陆小曼不以为然，依旧夜夜笙歌。一气之下，他拎起箱子便要回北平，陆小曼在身后追问："你打算怎么去北平？"他回答说："来不及了，只能坐飞机去。"

其实陆小曼并不喜欢坐飞机，她总觉得危险。可徐志摩喜欢，那种驰骋在天空中的自由感觉，是任何交通工具都无法给予他的。他原来打算搭乘张学良的专机去北平，可一问友人，才得知张学良的飞机还没降落，如果等下去，或许会耽误了林徽因的演讲，他摸了摸口袋，摸到一张朋友送的免费飞机票。那晚，他住在朋友家，朋友开玩笑似的问道："你们说明天徐志摩会不会出事？"徐志摩摸了摸掌心，笑道："我的生命线特别长，不会出事的。"当时，他的样子就像是一个看相为生的江湖骗子。朋友又劝道："你还是小心为妙，若是你出事，那小曼怎么办？"徐志摩满不在乎："她说了，如果我出事，她就当个风流寡妇。"

或许，那不过是陆小曼一句戏言，竟然一语成谶。飞机跃上云层，呼啸着如同雪白的飞鸟穿透重重云霄，黑色的夜幕展开黑色的羽翼，将天空中所有的星光和月色都咆哮吞没，此时，协和会堂中的林徽因的演讲，也走向了尾声。不知道为什么，她的双眸里，含满泪水，当在场所有观众都惊艳于这位二十七岁的中国女建筑家的风采时，她的心里，却藏着一腔莫名的哀伤。

可她不知道，这哀伤源于何处。直至次日梁思成斟酌着告诉她，他已和胡适通过电话，就徐志摩未回京一事，他们都觉得，必定是路上出了变故。很快，《晨报》上刊登出了一架飞机失事的消息："十九日午后二时中国航空公司飞机由京飞平，飞行至济南城南州里党家庄，因天雨雾大误触开山山顶，当即坠落山下，本报记者亲往调查，见机身全焚毁，仅余空架。乘客一人、司机二人，全被烧死，血肉焦黑，莫可辨认。邮件被焚后，钞票灰仿佛可见，惨状不忍睹……"

那是20日早晨，她在北平看到这样一则消息，虽然眼泪已纷纷坠落，可心底到底还存着一丝侥幸，或许那并不是他搭乘的飞机，或许临到头了，他又因为什么事情绊住了，没能上飞机呢？她焦急地设想着种种万一，唯独没有想过，万一真的是他的话，那么她又该怎么办？她并不相信有一天，他会以这样愕然突兀的方式，从她生命中彻底抽离。

胡适当即往南京飞机公司打电话，证实飞机上的乘客确实是徐志摩。他放下电话，觉得全身的力气都流逝殆尽。媒体已更早获悉了事件，白纸黑字地刊印出来，用巨幅文字："京平航空驻济办事所主任朱凤藻，二十早派机械员白相臣赴党家庄开山，将遇难飞机师王贯一、机械员梁璧堂、乘客徐志摩三人尸体洗净,运至党家庄,函省府拨车一辆运济,以便入棺后运平,至烧毁飞机为济南号,即由党家庄运京,徐为中国著名文学家,其友人胡适由北平来电,托教育厅长何思源代办善后,但何在京出席四中全会未回。"

徐志摩的遗体,暂时安置在济南福缘庵,那本来是座卖瓷器的店铺。那日是雨天,滴滴答答的雨声,敲击着青瓦,哀婉如灵歌,萧瑟、清冷,一点一滴,细碎且痛楚。梁思成等人赶到时,看见的是已被收拾好的徐志摩,穿着长袍马褂,安详地躺着,他一生都渴望飞翔,最终以这种方式,完成了最后的飞翔。

遗体由徐家人领了回去,而北平的公祭,则由林徽因主持安排。她忍着眼泪,看上去就像是一位端庄疏离的主持人,她要用这样的面孔,让九泉下的故人安心离去。她绝不能哭得太厉害,民间有传言说,如果亲人过于悲痛,那么亡者的灵魂是不肯走的。她从前不信这些,可她只愿意他走好。她这一生,实在是辜负他太多。

公祭结束后,她将带回的一块飞机残片挂在卧室里。悼念一个人的方式有许多,而林徽因选择用这种方式来纪念徐志摩。沧海茫茫,那只用尽全身力气,用尽生命所有热量去深爱的蝴蝶,怀着所有的爱恨,跌落碧海深处。时光啊,慢慢合上,掩去一身过往,将所有鲜活都化作了淡黄旧事,只余下了浅浅的蛛丝马迹,隔着百年的雨幡然醒来,窗外碧草如织,乌燕呢喃,这一切都宛如一场春梦,了无痕迹。

静默·把时光结成一个谎言

泉水深深,浮动着一点一滴的眷恋,日光恰好,温柔得像是初恋的味道,在开满鲜花的深处,有一条青石小径,天还早,青石上微微晨露,宛如一抹通透粉色。在这小径旁,她隐约记得有人在自己耳畔轻轻叹息:看来,我这一生不会再有幸福了。那入骨的忧伤,像是宿命的符号,深切纠缠。她那时是怎么回答的?她已记不清晰,无非是安慰,无非是劝他淡忘,向前看。可是等她回头,身旁的人影却如露水一样,消散在空气里。她彷徨而急切地穿梭在花径里,寻觅着那个身影,然而不管她呼唤,或者悲伤,那个人就像是从来没有存在过一样。

喉咙里宛如堵上了棉花,她在噩梦中醒来,惶惶然里只发出一个单调音节。酣睡在一旁的思成也因此惊醒,他了然地看着妻子,叹了口气,予她一个温暖怀抱。终于,她无法抑制地泪如雨下，虽然她没有呼唤出口，可他们都知道，她想要呼唤的那个名字，是志摩。这一生，她已无法辨认，究竟是谁欠谁更多，可到底她还是失去了他，永远地失去了他。他轻轻地走了，不带走一片云彩，也不带走一丝爱恨。

她望着挂在墙上的飞机残片——或许，此生此世，她唯有用这种方式来忏悔和思念，那个以飞翔的方式，离开人间的诗人。

徐志摩去世后，社会各界为这位早逝的诗人举行了各种纪念活动：新月社余下的朋友为他新出了一期纪念专号，在这一期刊物上，刊登了胡适的《追悼志摩》、郁达夫的《志摩在回忆里》、方令儒的《志摩是人人的朋友》、韩湘眉的《志摩的最后一夜》等追悼文章，还有徐志摩的遗孀陆小曼的《哭摩》。半个月后，北平的《晨报·副刊》上，发表了林徽因的《悼志摩》。在他去世半个多月里，林徽因始终不敢提笔，回忆关于他的一分一毫，每当拿起笔想要写一点纪念他的文字，却在充满他音容笑貌的回忆里，终于泣不成声。直至此时，她才有勇气敢去回忆。

她在文章中说："志摩是个很古怪的人，浪漫固然，但他人格里最精华的却是他对人的同情，和蔼，和优容；没有一个人他对他不和蔼，没有一种人，他不能优容，没有一种的情感，他绝对地不能表同情。……

"在何等情况之下，他理智上认为适当与否，他全能表几分同情，他真能体会原谅他人与他自己不相同处。从不会刻薄地单支出严格的迫仄的道德的天平指摘凡是与他不同的人。他这样的温和，这样的优容，真能使许多人惭愧，我可以忠实地说，至少他要比我们多数的人伟大许多……

"他喜欢色彩，虽然他自己不会作画，暑假里他曾从杭州给我几封信，他自己叫它们做'描写的水彩画'，他用英文极细致地写出西（边？）桑田的颜色，每一分嫩绿，每一色鹅黄，他都仔细地观察到……"

在最后，她这样写道："朋友们，我们失掉的不止是一个朋友，一个诗人，我们丢掉的是一个极难得可爱的人格。"

只是，却并不是所有人都怀着悲伤来纪念这位诗人。徐志摩一生追求爱和自由，许多事情都是冒天下之大不韪，他活着的时候，反对的声音已经不轻，在他去世之后，他的过往被有心人翻出来，很是令人难堪。林徽因和凌叔华的矛盾，亦是在这种背景下产生的。所有的起因，都要归结到一只小箱子上。

凌叔华是民国年间十分有影响力的女作家，也是徐志摩的好友之一。1925年，徐志摩与陆小曼坠入爱河，这件事一时闹得沸沸扬扬，不可收拾。无可奈何之下，徐志摩只好远走海外，暂时避开风头。在离开前，他把一个小箱子交给凌叔华，让她帮忙保管，甚至开玩笑说如果他在外出了什么事情，那么小箱子里的资料，说不定凌叔华还可以用得上。箱子里是一些徐志摩的文稿，还有和陆小曼、林徽因的往来信件。徐志摩去世之后，他的朋友将徐志摩的文稿或信件都送到了胡适那里，由胡适来安排。凌叔华也将手中的小箱子交到了胡适手中，然而，箱子中的文稿，却缺少了一部分。

一开始，胡适和林徽因都没有发现他们手中的志摩文稿是不完全的，后来，经过林徽因的细心整理，发现在残存的文稿中，没有徐志摩的《康桥日记》，或者说，他们手中的《康桥日记》缺少了一部分，而那一部分，正是有关徐志摩和林徽因相遇的时期。对于徐志摩人生及其文学成就梳理，那本日记的重要不言而喻。林徽因深知，徐志摩是不会故意遗漏或毁去那段时期的日记的。那么，那些日记究竟在何处呢？

未久，她听说凌叔华手中有徐志摩的《康桥日记》，凌叔华还邀请叶公超一起为徐志摩作传。显然，凌叔华截取了箱子中的部分手稿，私自留了下来。林徽因和凌叔华并没有深交，只是徐志摩在世的时候，曾经评价过凌叔华为人"小气"，而她不过劝慰了几句。起初，她并不想去讨要手稿，然而，深思熟虑之后，她觉得身为当事人的自己，为何没有索要手稿的权利呢？凌叔华是局外人，这件事说起来，和她并没有什么干系。

其实心里，也未尝没有一点小小私心。在康桥的时光，是她一生里最纯澈美丽的时光，想必，对于徐志摩亦是如此。她也很想知道，那时的志摩会怎样评价她？在他的笔下，她是一副怎样的脸孔？可还没等到她去索要文稿，凌叔华就登门拜访了。

拜访的目的，是想要从林徽因手中拿一些她和徐志摩的往来信件。她想要将徐志摩的信件整理成《志摩信札》之类的书。听闻对方如此的要求,林徽因虽然没有流露出不悦,心底却是十分不欢喜的,且不说故人刚去,她还沉浸在悲伤之中,情绪一直低迷,何况凌叔华还"占着"两本《康桥日记》不还,这难免要令她不喜。

林徽因告诉凌叔华,自己和思成居无定所,时而在国外,时而在东北,现在住在北平,许多信件都还在天津。何况她和徐志摩的往来信件,都是用英文写的,就算是翻译出来,也需要一定时间。她回答了之后,斟酌了片刻,委婉地向凌叔华问起那两本《康桥日记》下落,请求她借给自己看看。凌叔华冷冷地说:"可以。"显然亦是不快。林徽因强忍着情绪,询问她能否下午去她家拿来借阅,凌叔华却推说自己下午有事不在家中。其实林徽因可以立即同凌叔华去取,但是生性柔婉的她并不想将事情弄僵,便约好后天她派听差过去取。

事情却并没有林徽因想象中的单纯,到了那天,梁家的听差只拿了一张字条回来,上面尽是搪塞之语,说日记放在哪里已找不到,只能等周日再来细细寻找了。可见,凌叔华并不想将日记交还出来。几天后,林徽因便听到凌叔华这样对友人说,林徽因拿走了陆小曼的两本日记不归还不说,还想要拿走她手上的两本《康桥日记》。听了这些话,林徽因真是哭笑不得。到了周一,当林徽因和梁思成外出时,凌叔华来到梁家,留下了一本日记。林徽因回来一看,更加心烦气郁,原来那本日记只是半本，她和徐志摩在康桥的那段时期被特意截去。无奈之下，她只好写信求助胡适。

胡适得知来龙去脉之后，遂写信给凌叔华，请求她将剩下的《康桥日记》交给自己。并温和地提到，如果凌叔华有需要，自己可以让人做出三本副本，留一份给凌叔华作资料。在胡适等朋友的帮助下，凌叔华最终交出了日记和箱子，然而，由此一事，她们之间的关系已是闹得非常僵，甚至在三四十年后，移居英国的凌叔华在和陈从周的信中，还不无怨怼地提到此事：

> 这情形已是三四十年前的了！说到志摩，我至今仍觉得我知道他的个性及身世比许多朋友更多一点，因为在他死的前两年，在他去欧找泰戈尔那年，他诚恳地把一只小提箱提来交我保管，他半开玩笑地说：你得给我写一传，若是不能回来的话（他说是意外），这箱里倒有你所需的证件。……不意在他飞行丧生的后几日，在胡适家有一些他的朋友，闹着要求把他的箱子取出来公开，我说可以交给小曼保管，但胡帮着林徽因一群人要求我交出来（大约是林和他的友人怕志摩恋爱日记公开了，对她不便，故格外逼胡适向我要求交出来），我说我应交小曼，但胡适说不必。他们人多势众，我没法拒绝，只好原封交与胡适。可惜里面不少稿子及日记，世人没见过面的，都埋没或遗失了。

其间内容真假，也只是凌叔华的一家之言。或许，就连徐志摩自己也没想到，在自己离世后，竟然还会有这些风波烦恼。逝者的安宁，是她唯一能为他做的事情。多年来，她不争不辩，不论是赞美还是诋毁，她如一潭幽深湖水，默默地包容与承受。她是在守护他的灵魂。

平静·岁月都已黯然

年少时，或许每个人都曾憧憬过轰轰烈烈的人生。普希金说：我们的心儿憧憬着未来，现今总是令人悲哀：一切都是暂时的，转瞬即逝，而那逝去的将变为可爱。但那时，却只觉得如若淡然一生，不如飞蛾扑火，只求瞬息地耀眼于天地。双眼里所看见的生命意义，只在于那极短时光里迸裂的光芒。就算是爱，也要爱得死去活来，感天动地。杜丽娘为情而死，为情复生，要多令人向往就有多令人向往。

却是要等到时光沉寂，烟雨淡薄后，才能慢慢领悟到：原来平静如水的生活，也是那样清淡静好。安静地爱，安静地行走，安静地忘却和怀念，都未尝不美好。当寒山远上，冷月溶溶，幽幽的古木脚畔清流潺潺而过，山深处的古寺之露出峥嵘的一角，佛钟如梵唱，这种极致的宁静，总教人不由得沉心如水，放下前尘过往，放下恐惧悲欢，放下种种俗世俗念，静静地，寻觅一缕轻谧的温柔。

多年前的那位少女，或许亦是渴望热烈繁华的人生，她愿意去拼尽全力，追寻一份刻骨铭心的爱，创造一轮光芒闪亮的人生。她爱了，她勇敢了，最终黯然而去时，默默地亲自合上了这种人生的可能性——她已知道，那样的生活或许璀璨，可并不适合自己。多年后，娇嫩的容颜退却，行走在茫茫尘世的女子，已拥有从容气质和温柔目光，她是那样安静平和地生活在爱人身旁，成为妻子与母亲，守护着属于自己的世界。

此时，她已拥有了两个宛如天使的孩子，长女再冰，已三岁多，粉雕玉琢的小模样，惹人怜爱。第二个孩子是个漂亮的男孩儿，像她，眉梢眼角，透着聪慧。这个孩子，是梁家的长孙。林徽因和梁思成为他取名"从诫"，这个名字源于他们都非常崇拜的宋代建筑师李诫，他们希望这个孩子，能够继承父母的事业，也如那位撰写《营造法式》的李诫一样，创造出惊人的美。姐姐再冰很喜欢这个弟弟，整天黏在摇篮边叫他"小弟"，于是全家人都跟着姐姐牙牙学语，叫这孩子作"弟弟"。

闲暇时，林徽因喜欢看着弟弟认真专注的样子。在弟弟纯净明亮的眼睛里，看到的世界，或许是一个纯净明亮的世界吧。没有忧愁，没有怨恨，没有寸寸零碎的黑白斑驳。弟弟看得专注，林徽因也看得出神，这时，唯一能打扰她的，就是她的美国朋友费慰梅了。

费慰梅是清华教授费正清的妻子,他们都是美国人,夫妻俩的名字都是梁思成起的。当时,费正清在清华教授欧洲文艺复兴史。这是一对十分钟情中国文化的夫妻,可想而知,他们和林徽因夫妇成为好朋友,简直是水到渠成的事情。因此,费慰梅时常来拜访林徽因,在梁家温馨精致的小会客室里,两个优雅的女士用英语交谈,林徽因的英语造诣,是以英语为母语的费慰梅也望洋兴叹的。林徽因是标准的牛津腔英语,纯正,流利,可语调上又略带中国式的典雅温柔,有种余音绕梁三日不绝的美妙。在交谈时,费慰梅时常会望着眼前这位少妇出神——怎么会有这么动人的女子呢?

她见过的女人不在少数,未婚的,已婚的,世间划分女人的标准不过如此。然而,不论是在哪种女人里,她都没见过如林徽因一般优雅从容的女子。她像什么呢?像一片淡淡的云,不管是出现在什么背景色的天空里,都并不突兀而且自有天地;或许也像一株晨雾里的百合花,朦胧、清浅、细腻,每一丝纹理里都写满了诗意。她难以想象,这样的女子,其实早已是两个孩子的母亲。

是的,林徽因此时已不再年轻了。她身体不好,然而,就是这样一副柔弱的身躯,承担了一个大家族的日常事务,烦琐的事情一点一点压在她瘦弱的肩膀。多少女人就是在这样尘世烟火里,粗糙了双手,霜染了乌发,干涸了双眸。可林徽因并没有,她依旧优雅,依旧温柔,依旧芬芳静好,宛如随岁月流逝而历久醇厚的葡萄酒。她是中西方文化下教养出来的安琪儿，就算是当代，这样将西方文化和东方文化融合成天衣无缝的女子也很罕见。风雅颂、四书、五经、二十四史、文艺复兴、湖畔诗人、莎士比亚、勃朗宁……中西方荟萃的瑰丽文化，成了她成长的土壤。多年来，她始终保持着双重文化生活的痕迹，既可以是中式典雅秀美的大家闺秀，也可以是洋化大方明朗的漂亮女士。正因为如此，她才能够和土生土长的美国人成为知交好友。当时光暮去，晚年时，费慰梅曾回忆说：

> 当时他们和我们都不曾想到这个友谊今后会持续多年，但它的头一年就把我们都迷住了。他们很年轻，相互倾慕着，同时又很愿回报我们喜欢和他们做伴的感情。徽（whei）——他为外国的亲密朋友给自己起的短名——是特别的美丽活泼。思成则比较沉稳些。他既有礼貌而又反应敏捷，偶尔还表现出一种古怪的才智，两人都会两国语言，通晓东西方文化。徽以她滔滔不绝的言语和笑声平衡着她丈夫的拘谨。通过交换美国大学生活的故事，她很快就知道我们夫妇俩都在哈佛念过书，而正清是在牛津大学当研究生时来到北京的。

其实她需要做的事情比寻常人家的主妇要更多：相夫教子、奉养老人、人际往来……桩桩件件都是她操心的范畴。可不论多么繁忙，她也总要分出心来，做一做自己，做一个寻找美好的林徽因，哪怕可以分心的时间无比短暂。

可就是在这短暂的时光里，她卸下了母亲和妻子的身份，她是一个完整而安静的自己。这时的林徽因，可以聆听朋友的诉说，可以遨游在音乐和绘画的世界，可以在诗歌的天地里摘一片霜叶，也可以走向她人生最大的追求：建筑。这时候的她，是最美好的，放纵心灵，放纵灵魂，释放全部的忧愁烦恼，唯有徜徉在美丽里，星星、阳光、流畅的线条和色彩，都是她感动的源泉。一花一叶，一蝶一芦苇，她从任何轻微细腻里都可以发现美。她曾对费慰梅说："那是一段当我还是个小姑娘时在横渡印度洋回家的船上所熟悉的乐曲——好像那月光，舞蹈表演，热带星空和海风又都涌进了我的心底，而那一小片所谓的青春，像一首歌中轻快而短暂的一瞬，幻影般袭来，半是悲凉，半是光彩，却只是使我茫然。"

她用诗意的语言，向她的朋友描绘她心底那个斑斓而彩光流溢的缤纷世界，欢乐、痛苦、悲伤、哀婉……这时候的她，是最快乐的，也是最美好的。她的快乐辐射到诗歌的世界里，便成了深深的笑，如迷醉一般，沉淀在春风和煦的小小梨涡里。

> 是谁笑得那样甜，那样深，
> 那样圆转？一串一串明珠
> 大小闪着光亮，迸出天真！

清泉底浮动,泛流到水面上,

灿烂,

分散!

是谁笑得好花儿开了一朵?

那样轻盈,不惊起谁。

细香无意中,随着风过,

拂在短墙,丝丝在斜阳前

挂着

留恋。

是谁笑成这百层塔高耸,

让不知名鸟雀来盘旋?是谁

笑成这万千个风铃的转动,

从每一层琉璃的檐边

摇上

云天?

——林徽因《深笑》

  这首诗里的比喻和想象,都是极新颖大胆的。明珠、轻风、百层塔、琉璃檐,一字字都宛如流光溢彩的珍珠,润泽着深海的光。更为奇特、区别于旁人的是,林徽因的诗里显然带有一种别人都不具备的特征。这种特征是源于她身为一个建筑师的身份。由此,在她的字里行间,极其富有建筑美。她的诗如一缕清风，一抹生机勃勃的绚丽晚霞，踩着轻柔的脚步，给当时的诗坛送来了一种独特的美。不只是当时，纵使在百年后，依旧有许多人，能够从她温柔的字眼里，发现与众不同的灵气，飘逸，淡泊，且令人心心念念地要去深记。

那是林徽因于每一个平静的岁月里，镌刻下的流年痕迹。时间可以令一个人的外表，摧枯拉朽般苍老而去，然而它并不能让一颗心以同样的速度枯萎凋零。纵使沧海桑田，纵使日月黯然，纵使天与地都消瘦，回首漠漠如织的时光长河，此时的我们，亦能够从满地的沙砾里发现柔光的珍珠。谁说时光掩盖的只是秘密呢？它同样碎去了粉饰太平的金碧辉煌，淘出历经风霜冷月的明珠。这是后话了。而林徽因并不执着后人的评说，她深知，自己并不需要刻意去明白什么，掌握什么，她唯愿心中，可以永存安宁和平静。

第七章

坎坷岁月 投身时代拥抱河山

我们的生命,一半用来成长,一半用来苍老。年年岁岁花相似,岁岁年年人不同,人心啊,在岁月流转时光变迁中,究竟要容纳多少重量,才能修炼得沉着如水,天崩地裂也如一叶在眼前飘零而过?喜悲如昨日,故梦如桃源,烟火憔悴了天空,硝烟残损了如莲的容颜,一日日的老去,换来的是孩子一日日的新生,这是一场轮回,一场宿命,亦是一场甘之如饴的相拥。

钟爱·寻找人生永恒的印记

　　天青，雾白，迷离如烟水的清晨。隔岸，蒹葭如凝霜。天色未明，挑一盏灯，于清冷悄寂的辰光里，研磨，铺纸，提笔，婉转。总是钟情如斯意境，淡极始知花更艳，清冷到极处的时光，也可以酿出一袭好芬芳。最好的，莫过于纸上留痕，落笔出一点小心思，或编撰一个小故事，再者，只是无意识地流泻一些零碎念头，也是好的。

　　因为钟情着文字，因此愿意亲身投入墨色的洪流，也愿意构筑一个只属于自己的世界。这样的事情，想想都觉得美好。所以，也格外羡慕那些提笔就能唱就一曲传奇的人，一片落叶、一滴残酒、一袭冷月都能写出意犹未尽的人。恰好，林徽因就是那样的人。

　　所以说，为什么总觉得，她是上苍钟情之至的宠儿呢？什么都拥有，什么都让人觉得完美，虽然明明知道她所拥有的，并非是凭空而来。

读过林徽因的诗的人，都知道她的诗温润清婉，有一种清新温暖的美丽。却没有太多人晓得，她的小说也写得好，一样的不俗，一样的雅致，一样有着让人感到暖意的力量。

林徽因的第一篇小说叫作《窘》，发表在1931年的《新月》上。这篇小说的主人公叫维杉，他是一位中年教授，而女主人公则是维杉朋友的女儿芝，两人渐渐熟识。芝是一个早熟的少女，她活泼可爱，天真娇艳。面对这个美丽的少女，维杉时常陷入了一场窘迫之中，这种窘迫的产生，是一种理智和情感欲望交织而生的。他的内心，在渴望着接近这个少女，然而理智却告诉他，他是她"父辈"的人物，不能够做出有违道德的事情。故事内容并不复杂，林徽因却将这个简单的故事写得惟妙惟肖，她极其擅长写人物心理，这或许跟她自幼深受西方文化熏陶有关。但她的心理刻画，并非是直白的、截然的，而是温婉的、美丽的，如蒙了一层轻纱，有点哀伤，也有点教人心痒。

《窘》发表之后，在当时深受好评。第一篇小说的大获成功，令林徽因在欣喜之外，又发现了自己另一部分的文学才华。原来除了诗歌之外，她还可以建造另一个绚烂的天地。继而，她写出了自己生命中最重要的一部作品——《九十九度中》。

这家在忙着祝寿：

喜棚底下圆桌面就有七八张，方凳更是成叠地堆在一边；几个夫役持着鸡毛帚，忙了半早上才排好五桌。小孩子又多，什么孙少爷，侄孙少爷，姑太太们带来的那几位都够淘气的。李贵这边排好几张，那边小爷们又扯走了排火车玩。天热得厉害，苍蝇是免不了多，点心干果都不敢先往桌子上摆。冰化得也快，篓子底下冰水化了满地！汽水瓶子挤满了厢房的廊上，五少奶看见了只嚷不行，全要冰起来。

那一户在忙着娶亲：

喜燕堂门口挂着彩，几个乐队里人穿着红色制服，坐在门口喝茶——他们把大铜鼓撂在一旁，铜喇叭夹在两膝中间。杨三知道这又是哪一家办喜事。反正一礼拜短不了有两天好日子，就在这喜燕堂，哪一个礼拜没有一辆花马车，里面挽出花溜溜的新娘？今天的花车还停在一旁……

——林徽因《九十九度中》节选

或许，人在一生当中，都会遇上自己最重要的作品。有的人是发现了一颗新彗星，有人却找到了一段刻骨铭心的爱情，大仲马曾说过，自己最优秀的作品，不是《基督山伯爵》，不是

《三个火枪手》，而是他的儿子小仲马。而《九十九度中》之于林徽因，便是那样的作品。如果说《窘》是一个简单的故事，那么《九十九度中》更像是一幅长长的画卷，透过文字，徐徐展开，烟火缭绕浮生满面，生命的沉重和精彩都凝聚其中。20世纪30年代的北京的浮生万象——大户人家摆了流水筵席，恭贺家中老太太六十九岁生日，人人都是红光满面；相对的是孤寒人家也办喜事，却是将女儿嫁作填房，这场喜事虽然也冠着欢喜的名义，然而撩开艳色锦绣，只剩下遍地凄楚。也就是这一天，巡警抓来了斗殴的车夫，将他投入了臭烘烘的监牢，靠力气吃饭的脚夫中暑患病而亡。那天，气温是华氏九十九度，酷热的天气里，满城的悲欢苦乐，活生生地跳脱在纸上。

翻开书页，让阳光流溢，一颗心宛如行走在华氏九十九度的高温下，随之感受尘世离合，天地哀婉。仿佛是一卷画轴，也仿佛是一帧照片，那日的北京城被镌刻成永恒。每个平凡人物也定格成册。这种超前的现代主义写作技巧，令林徽因在这篇作品发表后，获得了文学界的高度关注。评论家李健吾甚至说：在我们过去短篇小说的制作中，尽有气质更伟大的、材料更真实的，然而却只有这一篇，最富有现代性。

这种评论，不能不说是举足轻重的。这个灵秀的江南女子，以遍身才华，赢得了一个世界的宠爱。然而，她的脚步并未停息。

除了诗歌和小说之外，林徽因也写过剧本。她曾在美国学过舞台设计，也曾亲自走上舞台，附着角色的灵魂，感受另一种细腻情感。因此,她的剧本创作带有十分强烈的个人特征。四幕话剧《梅真同他们》是林徽因在 20 世纪 30 年代创作的一个剧本。这是一群年轻人之间的故事。女主角梅真是李家的女仆,她天真可爱,性情率真,生得俏丽,因此很得李家二太太的喜欢,被视作养女,可以同少爷小姐们一起去上学。她的好运招来了李家长房小姐的嫉妒,所以经常刁难她。梅真并没有将这些放在心上,她心里偷偷喜欢着二少爷。在外地读书接受了新式教育的二少爷虽然也喜欢梅真,却担忧他们之间的身份差距,对于梅真的情感,左右为难的他选择了回避不前。其中,家族中又发生了许多事情,以致这对年轻人的命运,宛如风浪中不断颠簸的纸船,岌岌可危。

当时,话剧的前三幕都已发表在《文学杂志》上,第四幕即将问世时,全民族抗日战争席卷了全国,《文学杂志》停刊,世人再也没有看到第四幕。但是可爱的梅真的命运,却时时牵念着读者们,后来有人追问林徽因,梅真最后的命运究竟如何呢?林徽因回答说,她参加抗日战争去了。其实这个剧本并非没有缺陷。譬如梅真有时的任性骄纵,并不符合她女仆出身的身份,其他人物的刻画也有虚构和理想化的痕迹。然而,终究是瑕不掩瑜。

一部作品是否能被记住,很大程度上取决于人物刻画和情节设置。在这两点上,《梅真同他们》是一部成功的作品。林徽因在这部话剧中最精彩的地方,是向世人展示了当时小资男女们真正的生活。而她是熟悉这种生活的。话剧中的语言也精彩极了，幽默、文雅、口语化，却不失风度。从这些文字中，一个文秀、优雅的林徽因，仿佛也掀开了迷雾，慢慢地走出森林，走进尘世。

如林徽因这样灵秀的女子，似乎是生来讨取世人宠爱的。徐志摩的深爱，梁思成的陪伴，金岳霖的守候，她注定要被人一生温柔以待。有一句话说，没有什么爱不爱的，只有值得和不值得。而林徽因是值得的，她经得起烟雨浸润，受得起万千娇纵。

1936年，春光如丝，烟柳静伫，波光水色深处，玉楼亭亭，一场盛会正在悄然举行。当时北平的文化名人正在商议一件盛事。《大公报》为了扩大影响力，决定出版《大公报文艺丛刊·小说选》，而林徽因负责小说的选编。在《大公报》的另一桩活动——设立"大公报文艺奖金"中，林徽因亦是裁判员之一。

奖金不是能轻易获得的，主委会每年只选出一到三名作家。当公事落实下来，这场聚会便成了一场把酒言欢的相聚。在聚会中，林徽因提出了自己的一些看法：在她选编小说的过程中，她发现大多数作品都以农村生活和劳动者生活为题材，她觉得这种现象，有一些确实可以体现时代对劳动者的悲悯和同情，但更多的是展现出了文学创作者的一种盲从，他们未曾亲身去感受这种生活，受到了一些作品的影响，盲目地选择题材、编造故事。这是一种创造力的极度贫瘠。

她的意见得到了大家的赞同。朱自清在座中思索道："也许这与作者生活经历不丰富有关。"诚然是如此，然而林徽因却觉得，生活经历的贫乏是一个方面，作者的观察力感受力不够敏锐，也是其中一点。"所以一个作者，除运用文字的能力学问外，必须是能建立在任何生活上面，能在主观与客观之间，感觉和了解之间，理智上进退有余，情感上横溢奔放，记忆与幻想交错相辅，到了真即是假，假即是真的程度，他的笔下才能现出活力真诚……"

墨色酒香里，素衣洁净的女子声色柔婉，楼阁外水天碧意茫茫，飘荡着深深的春光。那柔婉的声音，却如铿锵的玉石，在明媚的春色里，投掷下圈圈涟漪。她淡淡地，无意在众人面前展示什么，她只是从容地倾吐心中的所思、所想。真诚的话语总是深受包容，林徽因的真诚，打动了整个北平的春天。悠悠的年华滔滔流逝，那女子手中的墨迹、纸上的云烟、清和的笑靥，却仿佛就停留在昨天，她用文思写就了一段永远明艳的记忆，予后世，长久追寻。

辗转·寻访历史的痕迹

十月秋晚，当寒寺的飞鸟承袭着流光月影飞向苍茫深林时，优昙花倾吐的第一缕芬芳，流向遥远的他乡，而百尺幽然的地下，冰冷的河流不息地奔跑，仿佛那是永不知疲倦的光阴。我们总是这样，从一个地方迁向另一个陌生或熟悉的地方，因为求学，因为工作，因为爱情或家庭。人生的际遇便是如此奇妙，匆匆行走的人们，早已习惯窗外流花的风景，寻常地接受旅途的尘土和未知。他们是如此从容、如此淡然，仿佛心中早已笃定，自己会和美梦相遇。

相遇的美梦或许会很多，能在瞬息里开启心扉从此流年默记的，或许也只有那么一个。在人生的旅程中，林徽因相遇过太多美梦：她走过康桥脉脉的河畔，拂过晚霞清凉的余光；她掬起过巴黎圣母院的圣洁，也彷徨过欧洲小城的悠然宁静，华夏大地上，她也曾登然漫步……当她来到陕西，走到巍然高贵的雁塔下，走进久经尘霜的佛光寺，她的心才感到一种真正的豁然——大约这叫作一见钟情的力量。

来到陕西，是因着一次机缘。顾祝同邀请他们夫妻俩做小雁塔的修复计划。他们离开北平，穿过西北粗粝的风沙，踏着丝绸之路悠悠的驼铃声，如宿命一样，兜兜转转，走到它的脚下，仰望、倾慕、深情。

坐落在西安市南郊的小雁塔，始建于唐中宗年间，它来到世间的使命，是为了收藏经书。因为规模逊于大雁塔，因此得名小雁塔。这是一座标准的唐代建筑，青砖筑成，塔门上刻着精致庄严的线刻佛像，皆按照一定比例镌刻，高高飞檐上的吻兽威严大气，飞檐掠过，如直上云天，宝塔里的风铃叮咛作响，传来历史的跫音，斗拱、柱基、石阶的式样，无一不彰显着盛唐的泱泱气度。

林徽因惊叹于雁塔的雄浑夺目，更令她倾心的，却是小雁塔三次开裂三次复合的传说。据说在明成化末年的一次地震中，小雁塔自行裂开一道一尺来宽的缝隙，从塔顶到基座，规整明澈，正德末年，西安再度地震，塔中的裂缝自行弥合，天衣无缝，宛如那道裂缝从未出现过。这样的奇事不止一次，嘉靖年间和康熙年间，都有史料记载。对于文学家来说，这些传说为他们提供了绝佳的素材，然而在林徽因和梁思成眼中，却因此获得了启发，为他们的修复计划添加了许多创意。

告别了一个轻盈的梦，或许下一个瞬间，就会邂逅一场温柔的雨。世间万事万物都有一个交替的过程，徜徉其中的人们，习惯或陌生，总归有一日，能绽放会心一笑，有和美好相拥的时刻。有时，美好因特意而被寻觅，有时，它也属于不期而遇。

当林徽因和梁思成离开西安，前往太原的途中，一份美好便这样乍然而来。匆匆里，她如误入桃源深处的渔人，满心欢喜与感恩。那是在榆次，一个宛如仙境的小城，林徽因偶然掀开车帘，就是那么一望，就惊喜了半晌。闯入眼帘的是一弯飞檐，独特的造型，令她心头掠过诧异，她也未曾想到，会在这个地方，遇上这样的美丽。

可能那就是天意。

后来也有许多朋友说，那是一次上苍注定的相逢。注定让林徽因来发现这场美丽，说得好像上苍是一个抒情的诗人，总让美丽的人，去发现美丽的事。

建筑师的直觉告诉林徽因，那是一座非常有价值的建筑。他们急忙下车，寻幽踏径。挥开眼前重重花枝深树，崎岖山路蜿蜿蜒蜒，翻过数座青峰，越过几湾清流，一座别具风格的殿堂轻轻地展现在他们眼前。林徽因欢喜地指着那道飞檐："你们看，就是它！"

这是一座叫作永寿寺的寺庙，依山而建，三面环山，寺中建筑错落开来，疏密有致，唯一令人扼腕的是因为年代久远，这座深山中的寺庙被世人遗忘在时光中，大殿佛像上的油彩都已经染上斑驳的痕迹，墙壁上的壁画也模糊了原来的风采。最初吸引了林徽因目光的那道飞檐，属于永寿寺的雨花宫，因着那别致的营造法式和建筑方法，雨花宫是用最简略的方法，省略了旁逸斜出的材料，只单纯一座小殿，极具"极简主义"的风格，落落大方，简单明了。

这次考察是现存世上关于雨花宫仅存的资料了。这座建筑被发现，让唐宋建筑演变有了实证。

一个偶然的机会，梁思成读到了《敦煌石窟目录》，书中记载了五台山的大佛光寺，发现佛光寺地点偏远，但却是藏古建筑最好的条件，于是营造学社的学员直奔五台山。

守门的老僧已有七十多岁，修行了多年的老人迎接了这一行"不速之客"，苍老沙哑的声音，诉说着老寺遥远的历史，如同在说一个上古的传说。他们踏入其中，便像是踏入了逆转的时光。

在大雄宝殿前面的石经幢边，林徽因伸手拂去石碑上凝结的蛛网尘埃，凝视了片刻，是了，这确实是一座积年的古刹。碑上留下的时间是公元857年，也就是唐朝年间。后来经过考证，证实这座寺庙的东殿确实是唐代的建筑，文殊殿则建于金代。

东大殿里，还完好地保存着唐明两代的五百多尊彩色泥塑，正中大佛坛上，安放着三十尊彩色泥塑，坛上的塑像，分别是释迦牟尼佛坐像、弥勒佛半跏像、阿弥陀佛坐像，有三米多高；坛上蹲踞的则是供养人，他们手上捧着盘碗，内盛净果，栩栩如生。这些彩塑,精致流畅,色调丰满鲜亮,显然是佛教极盛时期的作品。大殿中央,还有一座塑像,是一位容色柔和的便衣女子,一开始大家以为这是武后的塑像,后来林徽因在石经幢上发现这样几个字"佛殿主女弟子宁公遇",众人才确认那并非武后,而是这座古寺的女施主宁公遇夫人。

塑像已历经千年时光,面容并不清晰,依稀如戴了一层薄纱。可不知道为什么,林徽因心中一动,只久久瞧着这座塑像。像是千年被压缩成一瞬,隔着积年累月的两个女人,如同心有灵犀,彼此凝望。或许是因为彼此都想要执着守护的力量,或许是因为她们都是那样温柔和善良。站在塑像前,林徽因同这位早已作古的女子,留下了一张合影。这张相片,被她带回了北平,每当倦意深深时,凝视相片,仿佛就能感受源自千年前的坚定力量,而疲倦,也就烟消云散而去。

经过接连几日的考察,他们终于有了新发现。一日,林徽因眼尖,忽然看见大殿横梁下宛然有字迹。由于横梁太高,难以上去,于是老僧请来附近的农人帮忙,借助梯子才登上横梁。时间久远,字迹已模糊成一团淡影,林徽因撕了床单,蘸上清水仔细擦拭,许久,终于辨认出了那几个字——"功德主故右军中尉王"。随后,又认清了第三梁的几个字"助造佛殿泽州功曹参军张公长",字迹浑厚遒劲,赫然是唐风。这个大发现,鼓舞了众人,他们一鼓作气,继续考察。

这座古寺的建筑风格,在国内是独一无二的。一眼之缘,一念之动,这座深山中的老寺并未沉寂在积年的流光中,任风吹袭,任雨打散,任苍茫的月色凋零彩色的艺术。它避免了这样的命运,林徽因将它从浩瀚的时光中挖掘出来,还它一份明亮浩然。或许是冥冥之中,他们的宿命息息流转,佛法总是曰"有缘",她是它的有缘人,而它如在五指山下等候了五百年的行者,多年风霜萧条,在茫然里等待着清脆的马蹄声。

在结束了对佛光寺的考察后,林徽因等人一路向北走,沿着灵境寺、金阁寺、镇海寺、南山寺的路线,一路探寻,一路辗转,一路拾取历史的彩光。旅程的最后,是五台县最北端的小镇,叫作台怀。这个小镇,仿若宿命的等待者,它以秀丽的风光,明快的风情,热诚接待了这一行迢迢而来的旅客。

小镇虽小,人口成分却极复杂。两千多人里,有满族、蒙古族、藏族和汉族四个民族的人。他们生活在这个四面环山的地方,和睦相处,彼此安然。镇上有一座灵鹫峰,原名叫菩萨顶,因为远道而来的印度僧人路过此地,看到此地与印度的灵鹫峰很相似,于是改了名字。也因传说在台怀镇的大白塔下埋藏着珍贵的舍利子,在千百年的时光累积里,小镇成了佛教徒心中的圣地。佛教徒们跋涉千里来朝圣,将一轮虔诚深深种植在这里,于是,台怀镇便成了五台山佛教中心。

青烟、佛香、浑厚的钟声,这个小镇,宛如与世隔绝的圣地。显通寺、塔院寺、万佛阁、罗睺寺、圆照寺等二三十座寺庙环绕周围。经过考察,林徽因和梁思成等人发现这些寺庙大多数建立在明清时期,比之前那个建于唐朝年间的古寺,显然稚嫩了许多。夫妻俩决定写信给太原教育厅,希望政府能够对这个古寺,多加保护,让这座珍贵的古建筑流传百世。

天下没有不散的筵席。在悠远的佛教圣地生活了一段时间,林徽因和梁思成准备辞别这座宁静的小镇。在临行前,林徽因给家里的女儿写了一封信,诉说自己对孩子们的苦苦思念。在信尾,她高兴地告诉他们,妈妈就快要回来了。

山河无声,默然地目送林徽因远去。她在离去前一刻许下的心愿,回荡在缓缓的清风中。希望这里永远宁静,也希望世间永远安享太平,希望所有的人都能美满地生活。在幽幽佛香中许下心愿的林徽因,并不知道就在一周之前,以七七事变为开端的全面抗战已经爆发,而远在云深处的她,人间烟火还来不及燎入心灵。今夕何夕?怀着理想和美梦的诗意女子,在无边的战火里,究竟该何去何从啊?

得失·勇敢是一种收获

硝烟里的残阳,总有一种冷酷的意味,随着薄暮,席卷天地。炮火在久经沧桑的古城里轰然散开,溅落一地血色和惶恐,曾经林立的高楼在烟火里渐渐崩塌成废墟,所有记载过辉煌的一切,忽然之间,被铭刻上耻辱的符号。岁月苍凉,沉重和绝望成为每个人心头的主题,山河飘零风萧瑟。一个人的命运无法改变一个国家的星轨,然而,一个国家纵使只是微小的改变,也可以篡改千万人的人生。

在匆忙紧张的归途中,林徽因清醒地意识到,这将会是一场旷日持久的战争,因为这场战争,或许许多事情、许多人都会因此不同了。她牵挂着年幼的儿女,于是和梁思成两人日夜兼程,从雁门关穿过大同、张家口,直奔北平。局势动荡,可梁思成心里到底还存着一个侥幸,或许情势还没演变到那么恶劣呢?

这种侥幸,却飞快地被现实无情击破。北平已陷入了战乱之中,在城外,士兵们挖出的壕沟一个接着一个,城内,宋哲元的二十九军急速开往前线,战事是迫在眉睫了。林徽因忧心孩子们,顾不上探听情势,先是回到北总布胡同三号的家里,看到一双儿女安然无恙,这才有心思去担忧外边情形。

说是要开战,这个消息早已传了很久,梁思成和林徽因也认为,中日战争是势必不可避免的,只是没想到,战争来得这样毫无预兆。日本向来野心勃勃,若是中国继续退让,无非是引狼入室。寸土不可予人,这个信念,促使着林徽因和梁思成,在北平教授呼吁政府开始抗战的请愿书上签下了名字。很快,战争以日行千里的速度呼啸而来,许多人都准备离开北平,梁思成所在的营造学社也无法再继续工作,为了不让多年的研究成果落入日军手里,营造学社决定将这些宝贵资料转移至天津英租界英资银行保险库。

正是危难之时,国军驻守北平的军队,却趁着忙乱偷偷离开了北平,将这座帝都拱手相让,任日军长驱直入。7月末,没有任何阻拦下的日军占领北平,一时间,这座苍老的北城,挂满了太阳旗。林徽因没有出门,可是当她看到这样一幅情景,心头依旧涌上了深深的愤怒和悲凉。她素来淡静从容,一颗心能容纳百川,可再宽阔的心,也无法忍受首都被占领的耻辱——敌国的飞机在北平的上空尖厉呼啸,蔚蓝宽广的天空宛如被撕裂开一道道血痕，心头的痛楚，未尝逊于撕裂之苦。

北平沦陷后，日军实施收买政策，妄图通过人心，控制这个城市。作为建筑界的中流砥柱，梁思成也收到了一封"东亚共荣协会"的请柬。林徽因一见上面的署名，顿时忍无可忍，将这封请柬撕得粉碎。但这也给夫妻俩敲响了警钟，显然，梁思成的营造学社以及手头的研究成果，已引起了日军的注意。一次不成，两次不成，那群豺狼终究会采取各种手段来胁迫他们，届时，家庭、事业甚至生命安全，都无法得以保障。

北平，是再也不能待下去了。

她从未这样清醒地意识到这一点。为了家人的安全，也为了不在日军手中屈辱地生存，在和梁思成商议之后，他们决定离开北平，前往西南后方。做出这个决定，实在是无可奈何下的痛苦抉择。谁愿意有生之年，颠沛流离，仆仆奔赴遥远的他乡？谁愿意离开温暖故土，丢弃曾经以心血凝结的家，在未知的远方重新构筑一个家？何况夫妻俩的身体都不算好，梁思成有脊椎软组织硬化症，需要穿着"铁衣"来支撑脊椎，而林徽因肺部有空洞，奔波辛苦，很容易引起感冒或肺炎。然而，时事容不得他们再选择，日军进城后，全城戒备，封锁了交通，好几日后，才重新开通京津两地的火车，若是此时不离去，却真的不知道何时才能离开了。

1937年8月，林徽因一家人离开北平，搭乘火车来到天津。他们在天津英租界有一间物业，一家人暂时住在那里，还算安全。这安全也是浅薄的、缥缈的，是热气球上的飘带，不知什么时候就会吹向茫然的远方。分明是七月流火的璀璨天气，街道上行人却是寥寥无几，唯有荷枪实弹的日军驻守巡逻，看到可疑的人就驱赶聚拢起来，拳打脚踢。这种事情经常发生，吓得幼小的儿子号啕大哭，躲在外婆怀中可怜畏缩。情形越来越坏，渐渐波及租界，他们连晚上入睡时都能听见近在咫尺的枪炮声。于是，梁思成决定带着全家人搭船去青岛，再南下去西南。

风和日丽的日子，如果不是街道上浓重的硝烟味和到处飘扬的太阳旗，林徽因几乎恍然觉得，这只是家人的一次短途旅行，他们很快就会重新回到这里。然而手中沉甸甸的行李却提醒着她，他们这是在流亡——为了活下去而奔波逃走的亡命之旅。他们的生命，已不再属于他们自己，谁都不知道，在国破家亡的此刻，还能不能回到北总布胡同三号的家。或许有那么一日吧，等到战争胜利，等到所有的孩子都可以笑着安然成长，等到蔚蓝的天空上再也没有尖锐的笛声。

她深深希冀着那一天。

可是在此之前，他们必须为了活命，继续颠沛而行。逃亡是一场艰苦卓绝的战争，9月初，一家人搭上了一艘英国航船，行驶到山东烟台，还没下船就能看见城市里中日两军相互对峙的严峻局面，他们没敢停留，即刻带着孩子和老人转乘汽车去潍坊，次日又即刻乘火车去济南。

山东也并不安全，战火已经蔓延了大半个中国，火车在铁轨上行驶，敌军的飞机压得很低，几乎要穿过云层落到火车顶上。儿子从诫只有五岁，他牢牢记得自己的舅舅也是开飞机的，于是听到飞机响，就天真地问妈妈，那是不是舅舅的飞机？林徽因忍下心中酸楚，回答孩子："那是日本人的飞机。"从诫又问："那为什么舅舅不来打他们？"她怔忡恍惚，许久才回答说："他会来的，一定会来的。"

其实她心里也没有底气，可总要怀着希望，总要有等待的东西。火车断断续续地前进，直到下午3点多，才抵达济南。在济南，他们歇息了两天，再度踏上流浪路途。徐州、郑州、武汉，一个个城市从林徽因眼前萧然而过，每个城市上空，都仿佛笼上了一层灰云，或许是错觉，她竟然觉得这灰云在渐次蔓延，不只是席卷了大半个中国，还深深蔓延进每个人的心头，如影随形。

9月中旬，一家人来到长沙。9月的长沙，热得可怕。火炉一样的地方，稍微行走就汗流浃背，发梢都能淌出汗。梁思成在火车站附近租来房子，石砖，两间，并不大，环境也喧嚣，房东一家就生活在楼下。唯一庆幸的是离车站近，方便辗转。战火一时半会儿不能蔓延到此处，这时候，奔波了一路的一家人才松了口气，在长沙安顿了下来。

长沙的生活，自然不能和北平的舒适相比。租来的房子里甚至连家具都没有，一家人住着，拥挤又琐碎。此时，林徽因的母亲病倒了，家务只好由夫妻两人亲自动手，照顾老人、照顾孩子、整理事务，忙碌而零碎。幸好在这一路上，他们都是完完整整的一家人，这就已经是不幸中的大幸了。虽然艰苦，可当母亲的，看着孩子们都还健康快活，心里也就满足了。

未久，他们在北平的好友、同事也相继逃出北平，辗转来到长沙，他们多数是北大清华的教授，一路向南计划去昆明办西南联大。林徽因一家先落了脚，加之有林徽因的地方，一向是知交环簇曲水流觞的场所，他们很快又在这个简陋的家里聚集起来，谈论局势，担忧或激励，每到激越时，救亡歌曲总会响起在这个小家里。久而久之，连五岁的弟弟都能跟着唱几句。稚嫩清脆的童声，总令人想到希望和未来，或许只要有孩子在，一切就不会失去希望吧。

正当生活渐渐平静下来的时候，日军的飞机却很快追了上来。大片的战机压在城市上空，投下了无数黑色的炸弹，一朵又一朵的火焰之花，深深疮痍了这座后方的城市。一时间，城市变成了火海，火海里，人们号呼奔跑，憧憧人影模糊如雾，大抵是地狱，也不过如此罢了。林徽因抱着女儿扶着母亲逃出房子，梁思成则抱着儿子在前头引路，其实他也是茫然的，哪里有路呢？到处都是火和血。他们身后，刚刚建立起来的家轰然倾塌，一颗炸弹落在他们身旁，那一刻，像是过了天长地久，林徽因望了丈夫一眼，绝望、悲伤、痛苦、凄凉……短短一瞬，已如千年。若是就这样死去，若是就这样死去……可能一家人死在一处，也算是幸运。炸弹没有爆炸，他们反应回来，彼此眼中都是死里逃生的庆幸。

家又没有了。林徽因和梁思成安置好老人孩子,从废墟里挖出几件衣物,除了这些,他们已经不剩什么了。夜幕降临,他们只能借住在一位朋友家中。后来,他们便和金岳霖一起,寄居在长沙圣经学院。没过多久,沈从文和曹禺等人也相继来到长沙。沈从文的弟弟沈岳荃是国军的一位团长,在和日军作战中受伤转到长沙治疗,伤愈之后,他即将返回前线。在临行前,他以兄长沈从文的名义在长沙三湘大酒楼举办了一次宴会,邀请了许多文化界名人,包括张奚若、朱自清、闻一多、萧乾等人,也邀请了梁思成和林徽因夫妇。

别后未经年,却都已物是人非。在他乡遇到同样尘霜如雪的故人,心中别是酸楚。聚会过后,梁思成决定取道湘西,前往昆明。11月末,冷霜若月色,皎洁了一地残墟,他们携儿带女,离开了长沙。林徽因最后一次回眸,似乎想要将一路上的艰难心酸,点滴镌刻在心底。一钵千家饭,孤身万里游。青目睹人少,问路白云头。她多么希望,在这个离乱年代,逃亡路上的自己,也能够有这样豁达心胸,淡看风云,笑傲江湖,任烟火侵袭,随枪声入耳。可是要她做到不怨、不怒、不恨、不伤,那是一件多么艰难的事情。她疲倦地靠在丈夫肩膀上,听到丈夫轻声说:"你记得父亲生前向我们说过的话吗?失望和沮丧是我们生命中最可怖之敌,我们终身不许它侵入,人也需要水的这种勇敢和无畏。"

是的，战争或许会摧残我们的肉体，然而唯一能够彻底摧毁一个人的，却是内部和自身的黑暗。在悲伤的时候不去遏制，在痛苦的时候看不见光明，任是谁都没有那么坚强的意志走出绝望。唯有在铁和血中淬炼灵魂，将软弱熔成铠甲，才能够勇敢而无畏地面对一切，包括愤怒和耻辱。

坚守·给时光一个美好的理由

　　那场全面战争持续了八年。八年,是一个怎样的概念呢?它足以让牙牙学语的婴儿,长成笑容娇憨的少女;也足以将风度翩翩的少年郎,磨去棱角,折去骄傲,蜕变成沉稳内敛的男子;岁月是奇妙的,八年的时光,叠加在少年人身上,足够漫长,仿佛有一生那么长。这时光,堆积在耄耋老人身上,不能再多加皱纹,也不能把嘴角再拉下一些。

　　我们的生命,一半用来成长,一半用来苍老。年年岁岁花相似,岁岁年年人不同,人心啊,在岁月流转时光变迁中,究竟要容纳多少重量?才能修炼得沉着如水,天崩地裂也如一叶在眼前飘零而过。喜悲如昨日,故梦如桃源,烟火憔悴了天空,硝烟残损了如莲的容颜,一日日地老去,换来的是孩子一日日地新生,这是一场轮回,一场宿命,亦是一场甘之如饴的相拥。

林徽因的长女梁再冰回忆母亲时,曾说过,母亲最遗憾的是身为一名建筑师,却几乎没有住过自己亲手设计的房子。听上去,果真如暴殄天物。梁思成是我国现代建筑师的开创者和奠基者,林徽因亦是一名出色的建筑师,他们一生中设计过许多建筑,然而即使是令林徽因魂牵梦萦的北总布胡同三号,也并非他们自己的房子。唯一由她亲手设计并落成的房子,是在昆明避难时期,在龙泉镇的居所。

　　一路风尘仆仆,一家人逃到昆明。刚刚落脚,忽然松懈了一下,梁思成便病倒了。他年轻时曾出过车祸,脊椎向来不好,长途跋涉的辛劳,引发了扁桃体病毒。医生治疗之后,切除了扁桃体,却又引发了牙周炎,几乎不能喝水,医生只好拔掉了他的牙齿。半年时间内,他只能卧床休息,不能受累。为了照顾丈夫,林徽因亲力亲为接手了家里所有事务,买菜、做饭、洗衣,她少女时期十指不沾阳春水,当了太太也始终备受呵护,在战乱年代,却不得不操持起一家人的生活。

　　更令她愁眉不展的是他们从北平带过来的钱已经所剩无几,一家人要吃、要用,还打算在昆明重新开营造学社,她心里还有个小小愿望,想要自己造一个家。钱从哪里来呢?林徽因接下了云南大学补习英语的工作,一周六节课,每次去上课,都要翻过四座山坡,薪水是四十元,不算少,可用钱的地方却多。奉养母亲,照顾孩子,还有生病的丈夫,一家五口人的重担,现在是尽数落在林徽因的身上了。

还好,在林徽因的精心照顾下,梁思成的病很快有了起色,他开始接一些设计方面的工作。随着北平和上海的先后沦陷,一些有钱人逃到昆明避难,他们手上有钱,也打算好好住下来,于是请梁思成为他们设计宅院。这并非是一件容易的事情,为此,林徽因和梁思成经常工作到半夜。可报酬却十分微薄,幸好,也算是有了收入。这个家,在经历这么多风雨之后,总算在昆明安定下来。

梁思成开始着手重开营造学社,为了得到基金会的帮助,他特意写信给老友刘敦桢,请他来昆明一起工作。不久,他的学生莫宗江、陈明达等人也来到昆明,在众人的齐心协力下,营造学生重新启动了。接着,不少故人旧交也跋山涉水到昆明。终点一致,路途却大相径庭:有坐车来的,有徒步来的,甚至还有从越南绕过来的。闻一多便是和他的学生一道从湖南绕道贵州南下昆明,而金岳霖孑然一身,取道香港,在河内乘火车至昆明。弟弟梁思永是跟着历史语言研究所,辗转到了此地。

一帮朋友,又在遥远的大后方春城昆明相聚了,大家对视了一下,发现彼此都是风尘仆仆面如土色,脸上却挂着劫后余生的庆幸,不由得相视而笑。海内存知己,天涯若比邻。何况这群好友,相聚在千里之外,其间欢喜,或许是生死都可以遑论了。心里浮动着久违的温暖和感动,林徽因坐在熟悉的朋友中,兴高采烈,甚至诗意而不是幽默地苦中作乐:你们看,昆明的阳光看上去也有些像意大利呢?

只要心里有温暖，人间未尝处处不是天堂。

伊始，一家人是租住在一户黄姓人家的房子里，不久林徽因打算迁居，自己造房子居住。这是因为昆明虽然没有日军来侵占，但飞机还是整天盘旋在上空，时不时落下几颗炸弹，弄得人心惶惶。人们不胜其烦，纷纷向郊外转移。在昆明东北二十余里的地方，有一个僻静的小镇，名叫龙泉镇。历史语言研究所已搬到这里，后来清华大学文科研究所也搬了过来，梁思成也带着营造学社迁移到这里。不久，西南联大的教授们也来到龙泉镇，一来是为了避祸，二来也是为了安定下来。战争爆发后，昆明一时成为后方最热闹的城市，容纳人数毕竟有限，已有许多教授在龙泉镇盖起了房子。

林徽因心念一动，决定也盖一所自己的房子。这个属于他们的家来得艰辛无比，首先是因为物价上涨，原本就所剩不多的积蓄告罄不说，还欠下了不少债。梁思成很豁达，既然如此，那就省点儿人工钱自己动手嘛。最后，梁思成自己做木工、水泥匠，林徽因与孩子则负责运送和打下手。在一家人的共同努力下，这座三居室外加一个厨房的家，可算是在昆明建成了。这座房子，是他们亲手设计并造成的唯一一座房子。他们细心地用石灰粉将房子刷白，房梁上的瓦是青灰色的，承着昆明明亮的日光，敞亮而透气。小小的院落里种着碧绿的尤加利树，亭亭如盖，看上去，一切都是如此静谧美好。

孩子们很喜欢这个新家，他们笑着跑来跑去，从屋子跑到院子里，笑声跑了一路，也洒了一路。新家所在虽然偏远，可家里还是经常会来客人。那是几个结伴同来昆明的空军飞行员，他们时常来到龙泉镇，很快又离开——他们是军人，早已将生死置之度外，他们的生命已属于国家和人民。每当他们离开时，林徽因总为他们牵肠挂肚，生怕不幸会发生在他们身上。国军的飞机性能不好，一旦与敌机狭路相逢，很难幸免于难。然而，不幸的事情还是发生了，这些飞行员的遗物，一次次被送到龙泉镇来——他们孤身一人，留下的通信地址，就是林徽因的家。她一次次含泪接过这些孩子的遗物，这场战争的代价，实在是太大了，她记得这里面有个飞行员叫小黄，上次来的时候，还喜滋滋地给她看未婚妻的照片，那是个脸圆圆的女学生，笑起来很好看，如果他们结婚，他一定会是一个好丈夫。然而，他们再也没有携手共度的机会了。

1939年，梁思成离开昆明，外出考察西南建筑。这次外出长达半年，家中一切都需要林徽因一人操持。生活越发艰难，飞涨的物价，贫困的条件，连一日三餐，林徽因都需要绞尽脑汁。龙泉镇并没有自来水，水是用最原始的方式挑来的，因此家家户户都备有一口大水缸，一天的用水都出自其中。林徽因家的水缸又高又深，早上起来，她要做的第一件事就是去村里的水井挑水，一趟又一趟。生活条件的艰苦，到底还可以忍受，只是涨得飞快的物价，到底让林徽因有些吃不消了。

他们刚来到昆明的时候，一袋大米是三四元，足够一家人吃上好久，而现在是一百多元，还经常是供不应求。镇上没有电，交通也不方便，晚上照明靠的是菜籽油，可菜油也贵，为节省钱，每天天一黑林徽因就让孩子们上床休息。每天躺在床上的时候，酸痛的身体似乎在告诉她，她已经透支了。这样的生活不知何时才是尽头。她茫然地望着窗外黝黑的夜空，出神了。

梁思成考察归来，经济状况也没有任何改善，反而陷入了更大的困窘之中。由于战争越演越烈，营造学社几近干涸，幸而史语所的傅斯年将营造学社的五个人纳入了他们的编制里，他们还能拿到一点固定工资。可这工资一到手，就马上用于买药、买米，不然没两天，飞涨的物价就会将它们变成一张张废纸。

当一日三餐都成为奢望之时，他们的美国朋友费正清夫妇伸出了援手，他们在金岳霖和信件上的只言片语中，察觉了好友的境地，便托金岳霖带来一百美元，并央求金岳霖保密。金岳霖向来不会撒谎，哪里能瞒得过林徽因，她很快发觉真相，感动和酸楚在心头蔓延开来，滚烫又冰凉。这笔钱帮林徽因一家渡过了最艰难的时光，同时还清了造房欠下的债务。

在这场战争中，他们经历了流离、逃亡、病痛、苦寒……可绝望并没有击败他们。林徽因和梁思成正是这个时期千万知识分子中的一个缩影，他们的遭遇是相似的，他们的精神也是一致的。在国难当头的时刻，他们并没有选择离开祖国，去富裕和平的地方享受人生。对于林徽因和梁思成而言，并不是没有机会。然而，他们还是选择了留在故土，甘受清贫，坚守着赤诚的信念,举步维艰地活下去。

艰难的开始,若能以圆满终局,那么暂时的痛苦和悲伤,又何妨呢?往后的林徽因,曾无数次回忆起这段铁灰色的岁月,她在其间,苍白了容颜,粗糙了双手,清霜了鬓角,然而她的灵魂,却在所有磨砺中更加高贵和纯粹。或许,那就是时光所赐予她的最好的馈赠。

第八章

永恒芬芳 万古人间四月天

　　近乡情怯。不曾经历过远离的人，或许永远不会明白这个词的含义。分明是回到睽违的故乡，为何流露出深深的怯意，在黄花树下，归途的尽头；为何不是欢喜的眼泪流满了脸颊，纵容多年的思念，将自己变成一个孩子。只有经历过的人才深刻地懂得，那种久久回荡过梦里的故乡，渐渐展现在眼前的心情。深爱、小心翼翼、珍之如掌心明珠，唯恐打碎的心情。可也害怕，惶恐时间的冲刷，已将一切都变得物非人非。

温暖·抗拒岁月苦寒

有时候，极佩服那个时期的中国知识分子。莫名地，总是觉得那群人可爱得同魏晋时期的名士们，有所共通。或许是因为，他们眼中都隐含着几许超脱。不渴求物质，不耽于富贵，固守着心中一叶扁舟，自潇洒，自风流。虽然明知道，两个不同时代的人其实全然不同，名士们追求出仕，而抗战时期的知识分子们，艰苦而清贫，两袖清风，两颊深陷，他们的血却是热的，为祖国而流淌，为世界而涌动。

如果受尽委屈，也能坚持深爱，那么这份坚持的温暖，大约就可以安慰仓促的一生。从北平到长沙，从长沙到昆明，又辗转折往西川的林徽因，宛如风中的沙砾，飘飘荡荡，落脚了片刻，瞬息又被挟带向远方。

1940年末，抗战结束的日子，仿如遥遥无期。经过长时间的商讨，传得沸沸扬扬的搬迁事宜，终于有了定论：西南联大继续留在昆明，中央史语所则要跟着研究机构，迁往四川省南溪县李庄。那是名副其实的穷山僻水，从重庆过去都还要走三天的水路。林徽因舍不得离开自己亲手建成的房子，虽然只生活了半年，然而患难之中累积起来的感情，尤为珍贵。只是大部队牵头，她也不得不拖家带口地跟着离开。

临行前，梁思成病倒了，他暂且留在云南养病，三周之后才来到李庄和妻子会合。李庄是一个坐落在嘉陵江畔的小村子，史语所搬到山上，营造学社则安在山脚的一处农舍。农舍有个大院子，几间平房坐落在里面。大屋子是学社办公场所，穿过一条狭窄黑暗的走廊，才能到达的三个小房间，则是林徽因一家人生活之用。林徽因和梁思成住一间，外婆和再冰住一间，剩下一间是弟弟的。一家五口，就这样在这个荒凉的李庄安顿下来。

嘉陵江滔滔地从村前流过，夜静春山空，江水奔流不息的声音透入耳中，像一首古老苍凉的旧歌谣，蛮荒的、还带着原始的生命力。林徽因病倒了。多年的奔波劳累，始终没能好好休养，加之四川气候潮湿，对林徽因的肺病几乎是雪上加霜。她连日高烧四十多摄氏度，一直不退。梁思成心急如焚，他走了三天的水路，赶到重庆，终于买来了药。李庄没有医生，梁思成只好自学肌肉注射和静脉注射，每天给妻子打针，刚开始他的手法并不熟练，疼得林徽因时常憋着出不来气，脸色苍白，唇色发紫。

她昏昏沉沉的，在睡梦里也能感到胸臆之间传来的痛楚。她做了一个好长好长的梦，梦真是久啊，像是在看一场雪花斑点的默片老电影，光影极快地折过去，有时候却是一个长长的镜头，凝固着流淌不去。很久很久，这个没有声音的世界，忽然传来啾啾的鸟鸣，清脆，娇嫩，让她闭着眼睛，仿佛也看见了山泉水迸溅在青石上的样子，清冽，净润，透亮。她缓缓睁开眼睛，看见他一脸倦意地守候在床头，忽然心里一阵悸动。

多么像啊！当年彼此都还年轻的时候，她病了，他也是这样守候着，不眠不休，专注得仿佛浑然不知疲倦。那还是在美国的时候，他们会因为一些琐碎事情怄气吵架，也会冷战僵持，但最后低头求和的总是他。这么多年过去，孩子都大了，他也老了，皱纹都爬上了眼角，为了这个家，他的难处并不比她的轻。

可是也幸好，不管过了多久，他还是在她身旁，不曾离开。她轻轻将脸靠在他的掌心。一如既往的温暖，就这样温暖着吧，这样，就可以走完一生了。

这场病，耗尽了林徽因最后的元气。从此以后，她再也没有一天像正常人那样健康。虽然退了烧，身体却依旧虚弱，每天只在清醒的时候靠着被子坐一会儿。她瘦得厉害，原本丰润的脸颊已深深凹陷进去，血色也是若有若无的，唯有一双眼睛，还有几分温柔神采。家庭琐事，也都落在梁思成身上。还好孩子们都很懂事，妈妈生病的时候，不吵也不闹，女儿甚至已学会了照顾妈妈，这些都令当父母的欣慰不已。

日子越发艰难。薪水已经不足一提，再冰和弟弟跟李庄的孩子们一样，穿草鞋和打补丁的衣服，弟弟不小心打碎了一支温度计，以至林徽因很长时间都不能量体温，因为根本买不到温度计。费正清夫妇托人送来一罐奶粉，这是她在李庄最珍贵的营养品，一勺一勺省着喝，都觉得极其奢侈。为了生计，梁思成开始当掉衣物，衣服当完之后，又当掉了手表和派克笔。家里稍微值钱一点的东西，都换成食物果腹。梁思成还学会了用橘皮做果酱，把橘皮切碎了和红糖熬，可以做成果酱让孩子抹在馒头上吃。

艰苦的生活并没有让他们灰心绝望，只是林徽因想起当年他们的意气风发，心头总会不可抑制地涌上一阵黯然。梁思永也病了，跟她一样的肺结核，梁思成最亲的两个人都病倒了，他却必须坚持着，为这个家顶起一片天。然而，不幸的事情却不断发生。1941年的春天，阳光将四川的潮湿驱散了一些，然而，就在这春暖花开的时光里，却传来了一个不幸的消息——林徽因的弟弟林恒在抗日战争中牺牲了。这个年轻人是一名飞行员，1940年，他以全校第二名的高分从学校毕业，怀着为国捐躯的理想，走上了战场。等待他的是一去不返的命运，他被一架敌机炮火击中了头部，壮烈牺牲。

林徽因还在病中，梁思成并未将这个消息告诉她，只一人默默地去成都料理了后事。三年后，她才得知了弟弟的死讯。

时光的流逝,并未冲淡这惊愕的悲哀。那是1944年,抗日战争即将胜利,她含泪拿起了笔,为弟弟写下了一首诗:

弟弟,我没有适合时代的语言
来哀悼你的死;
它是时代向你的要求,
简单的,你给了。
这冷酷简单的壮烈是时代的诗
这沉默的光荣是你。
……
你相信,你也做了,最后一切你交出。
我既完全明白,为何我还为着你哭?
只因你是个孩子却没有留什么给自己,
小时我盼着你的幸福,战时你的安全,
今天你没有儿女牵挂需要抚恤同安慰,
而万千国人像已忘掉,你死是为了谁!

她悼念的不仅仅是林恒,而在这场战争中,太多太多失去生命的人。生命诚可贵,爱情价更高。若为自由故,二者皆可抛。为了国家的独立和自由,这些年轻人抛弃了珍贵的生命,放弃了未来的太阳,永远地消失在历史上。就算百年后,温暖安静的那个时代,再也没有人记得他们曾经的鲜活,他们的笑声,他们为之献身的理想。

岁月荒凉，日光沉霜，滔滔不绝的江水，仿佛要带走人们刻骨的忧伤。在这漫长的八年里，他们失去了太多。亲人、朋友、孩子们原本一帆风顺的未来……他们还失去了多年的研究成果——那些珍贵的照片、草图、数据、文字记录。有一部分资料，他们夫妻俩随身携带，穿过了云贵川高原，几乎成为身体的一部分。然而一些珍稀的无法携带的资料，他们妥善保存在天津一家外国银行里。未想，1939年，天津洪涝，银行地下室被淹没，这些珍贵资料就此尽毁。这个消息传到僻远的四川山村，已是两年后。凝结了夫妻俩心血的成果，就这样毁于一旦，经历过无数痛楚的两人，在不管是多大的悲伤前，都不曾失态，然而，他们却在闻讯那刻，潸然泪下。

战争的代价，着实是太沉重、太沉重了，沉重到亡者和生者的心头都永远留着一道不能愈合的疤。这场痛才是旷日持久。上天酷爱弄人，人生的无奈、失去的痛苦，都要教人一点点尝尽，也不管人心是否可以承受。如此冰冷的现实里，唯有彼此手心那点温暖是永不冷却的。半冷半梦，半沉半伤，这点温暖，令她自迷梦中折返，强忍着，以温柔的姿态，望着日复一日的水长东，也望着岁岁年年红尘变迁，人世奔涌。

静默·微笑洗去时间的残酷

　　人生在世，其实不过短短数十载。落叶离合间，一个生命便倏然不见。那样短暂，只如同指尖飘忽的蝶，萦绕在掌心，不知何时就会随风而去。在有限的时光里，人总是应该有所承载的。若蝶舞，一曲绚烂，一曲翩然，教人铭刻终生，念念不忘。一念执着，一念成佛。有人将生命承载在红尘深处，为情痴，为情狂，为情望断千帆；有人将生命承载在一缕佛音里，一行经书一释然，不染尘埃的明镜后，拈花一笑，平生了然；也有人用生命承载着此生最不舍的眷恋，或许是一方森林，或许是一片碧海，又或许，只是小小的一枚邮票。

　　承载林徽因生命的，是建筑。

　　或许，她爱过许多人，烟雨红桥下的翩翩男子，携手同舟共济的终生伴侣，还有多年来不离不弃的蓝颜知己，她也深爱孩子、父母、朋友。但在灵魂深处，她最爱的，还是那些神奇的建筑。她甚至为之燃烧了生命，点点滴滴，酝酿作史书，行行写下此生最深的钟情。

1942年，故友费正清千里迢迢赶来探望。他越过嘉陵江，沿着黝黑的山坳，询问着质朴的山民，推开那扇潮湿冰冷的门。他看见了漫卷书籍几乎堆满了半个屋子，目光跳过如山的书，才挖出了两个深藏故纸堆的人。一时间，他几乎难以置信，在这样艰苦恶劣的地方，两人的身体又是那样衰弱，他们竟然依旧放不下心中的梦想。千里之行，始于足下，或许，正是因为有他们如此锲而不舍的努力，多年来，中国虽然日渐式微，然而这个东方古国的声音，依旧不曾衰竭。

忽然有那么一瞬间，他相信这场战争的胜利者，必定会是中国人。这是一个温柔而坚韧的民族，千年来信奉着"人不犯我，我不犯人"的信念，可到了存亡的关键，却有着震撼整个世界的力量。

抗战胜利前夕，梁思成被任命为战区文物保护委员会副主任，他带着手下的年轻人罗哲文来到重庆。他们整夜埋首于各种资料中，挖掘、研究、肯定需要保护的战区文物，这范围并不限于中国，许多国外建筑，亦是由他详细标注。在这些城市里，就有日本的京都和奈良。这些资料，被送至美国人手中，由此在美军轰炸日本的行动中，他们直接绕开了那两座古城。它们得以完好无损，很大程度上，是因为梁思成。

在重庆，他得知了抗战胜利的消息。那个夜晚，所有的人都流泪了。人们奔走出家门，跑到大街上高声呼喊胜利的捷报，又哭又笑。焰火飞上碧空，散开一层又一层的绚烂，巨大的探照灯将夜晚照得宛如白昼，星光和月色也再也没有胜过那晚的明媚。梁思成也流泪了，八年里，林徽因失去了弟弟，他也失去了弟弟，他们都是这场战争的受害者。最后的胜利，无法挽回逝者的生命，却可以给予孩子们一个纯净的蓝天。再冰和从诫，从此不用成长于凄寒，困守于深山，他们可以正常而自由地长大，所有的孩子都一样。

这样狂欢的夜晚，他唯一遗憾的，是不能和妻子共享。他的妻子，正在三天水路之隔的老山中，或许此时，胜利的消息还没能传到她耳中——他迫不及待，想要同她分享这巨大的幸福。在费慰梅的帮助下，一位美国飞行员将梁思成和她带到了宜宾。虽然目的地还没到，但也近了许多。

费慰梅终于见到了阔别多年的好友。她们抱头痛哭，林徽因哭的是艰辛终于过去，未来终于属于自己，所有的人，再也不用为不可抗拒的力量更改人生，他们都有了选择和自主的权利。只有经历过这一切的人，才知道这看似简单的一切，在战时又多么奢侈得近乎是一戳即破的美梦。费慰梅伤心的是林徽因，她是多么消瘦啊，脸色苍白如纸，从前一双纤细娇嫩的手，如今苍老干枯得如同泛黄的纸张。她分明还未到迟暮之年。然而病痛和战争，却消磨完了从前美丽女子的最后一分青春。

他们将林徽因带到重庆。李庄，林徽因终于彻底告别了这个小山庄。五年多的时间，她生活在这个毫无现代气息的城市，渐渐苍老，病体支离，像是一朵薄暮的玫瑰，渐渐枯萎在冰冷的水中。她来的时候，江水奔流不息；她去的时候，江水依旧滔滔。世间，总有些东西是永远不会改变的，譬如月光，譬如坚定和执着的爱。

她的身体已经十分虚弱，即使来到重庆，也依旧无法正常生活。她最多的是待在招待所的房间里，困倦地昏昏沉沉着。幸好，思成时不时会带她出去走走，在她身体容许的范围内，或者是在街上行走，瞧瞧如今终于拥有自由的国家，看看街道上的来来往往的人流；或者去南开中学接儿子放学。即使短暂，林徽因却觉得开心极了。在荒无人烟的山村生活了五年，她看到什么都觉得好新鲜。衣服也变了流行样式，女人们也不再流行剪童花头，烫的卷的，光明正大地走在大街上，背影婀娜，风姿楚楚。

费慰梅的一位好友，是美国著名的胸外科专家，他为林徽因检查了身体。他没有将病情告诉家属，而是告诉了费慰梅：林徽因已病得非常严重，她的双侧肺部和一侧肾脏都已被感染，这样的病情，病人的生命至多维持五年。费慰梅不忍心说什么，她守口如瓶，但是她知道，林徽因心里，其实是最清楚不过的。实际上，对于林徽因的身体状况，她的好友亦是心知肚明的。为了让她快活起来，金岳霖、张奚若等人坚持要接她去昆明疗养，昆明天气清朗，气候温煦，或许会对她的病情有所帮助。

虽然昆明天气比重庆好，但旅途奔波，林徽因一下飞机，就又病倒了。张奚若夫妇将她接到家中，细心照顾。她已很久没有跟这么多老朋友相聚过了。在老友的细心照料下，加上心情好转，病弱的身体竟然一日日好起来。她在给费慰梅的信中写道：

  我终于又来到了昆明！我来这里是为三件事，至少有一桩总算彻底实现了。你知道，我是为了把病治好而来的。其次，是来看看这个天朗气清、熏风和畅、遍地鲜花、五光十色的城市。最后并非最无关紧要的，是同我的老朋友们相聚，好好聊聊。前两个目的还未实现，因为我的病情并未好转，甚至比在重庆时更厉害了——一到昆明我就卧床不起。但最后一桩我享受到的远远超过我的预想。几天来我所过的是真正舒畅而愉快的日子，是我独自住李庄时所不敢奢望的。

  我花了十一天的工夫才充分了解到，处于特殊境遇的朋友们在昆明是怎样生活的……我们用两天时间交谈了各人的生活状况、情操、思想和学术状况。也畅叙了各自对国家大事的看法，还谈了个人家庭经济，以及前后方个人和社会状况。尽管谈得漫无边际，我们几个人（张奚若、钱端升、老金和我）之间，也总有着一股相互信任和关切的暖流。更不用说，忽然能重聚的难忘的时刻，所给予我们每个人的喜悦和激奋。

她感到庆幸，虽然那么不容易，但上天还是给予她机会，能够让她从这场战乱中存活下来，还能够睁开眼睛，和朋友们一起欢笑和歌唱。即使每个人的脸上，都增添了沧桑和岁月的轨迹。这相聚的一刻，她盼了多年，梦了多年，心心念念了多年，分离有多久，她的渴望就有多久。幸好，上苍不曾辜负，如是，她纵使阖上双眼，也不会再有遗憾。

昆明的阳光，温暖而柔和，它轻轻拂过林徽因的脸庞，流连过她的眉眼，辗转过她消瘦的脸颊，持久地停留在她唇畔的微笑上。是的，即使经历过那么多的离别和痛苦，在岁月的河畔，她依旧从容微笑，仿佛三生石旁，那朵开了千年的曼珠沙华。春雨洗过的太阳，光芒更加灿烂明媚；飞鸟掠过的钟声，听上去更加宁静和悠远；而经过痛苦和眼泪涤荡的生命，笑意亦更加耀眼和惊艳。此生虽远，然而，那永恒的美丽，已经写就。

告别·为历史镶嵌一颗温柔

近乡情怯。不曾经历过远离的人,或许永远不会明白这个词的含义。分明是回到久违的故乡,为何流露出深深的怯意,在黄花树下,归途的尽头;为何不是欢喜的眼泪流满了脸颊,纵容多年的思念,将自己变成一个孩子。只有经历过的人才深刻地懂得,那种久久回荡过梦里的故乡,渐渐展现在眼前的心情,深爱、小心翼翼、珍之如掌心明珠,唯恐打碎的心情。可也害怕,惶恐时间的冲刷,已将一切都变得物非人非。

重返北平,是林徽因九年来的梦想,魂牵梦萦,心心念念,在多次的颠沛流离里,也在穿山越岭的风雪里,在滔滔不绝的江水深处,也在心潮往返之间。然而等待她的,却并不是昨日的故乡。

她带着一双儿女,惶然得如同异乡人。往昔,她携儿带女奔波流离，孩子们都还年幼，今日，隔着重年再履故土，女儿已亭亭玉立，儿子亦步入少年。红了樱桃，绿了芭蕉，流年暗自偷换，从前满大街的太阳旗被遮天蔽日的青天白日旗替换，恍若一个时代的新生。

战争后，应该是一段持久的太平盛世。然而，敏锐的她并未在空气中嗅到一丝新生的味道。她看见大街上一辆辆卡车和坦克呼啸而过，武器闪着冰冷的光，没有灵魂，也没有心。她几乎可以看见不曾完结的战争。

梁思成应约到清华任教，创建了清华大学建筑系，并担任系主任，他们的新家，就在清华园内。不久后，梁思成再度赴美，考察战后美国建筑。在美国，他接受了耶鲁大学的邀请，在耶鲁讲学一年。为了理想，他不得不再次离开羸弱的妻子。送行的时候，林徽因淡淡一笑，她何曾不了解他，就像他了解她一样，他的梦想，也是她的。

北平的经济状况却如江河日下，短短几个月内，物价飞涨，大米从九百元涨到两千六百元，清华园并未幸免于难。饥饿中的学生开始出售衣物等一切可以出售的东西，只为了填饱肚子。然而长期的营养不良，还是令年轻的脸上出现浮肿、病态等不属于这个年纪的状态。林徽因心中不忍，然而她亦是束手无策，因为就连老师也跟学生一样，在忍饥挨饿。他们刚从四川回来，战乱的时候，他们当掉了手中所有值钱的东西，因此现在也是身无长物。

在身心两重灼烧下,她病得越发厉害,最严重的时候,一整天都没办法下床。林徽因的母亲已经是六十五岁的高龄了,但为了女儿和外孙们,却也得一日日操持着。在这种境地中的林徽因,心中的自责愧疚可想而知。这时候,表姐王孟瑜从上海前来探望,在家里住了半个多月。

林徽因乍然看到表姐,几乎不敢相信自己的双眼。在她的记忆中,表姐是一个温柔美丽、沉默却细心的姑娘。然而,时光却将记忆里美好的姑娘变成了一个苍老的女子。其实,自己又何尝不是呢?林徽因黯然地低下头。命运是残酷的,也是最公平的,没有人可以逃脱生老病死的宿命,跳出轮回之外,与天地同寿。

看到林徽因病得都无法落地,王孟瑜主动留了下来,帮林母做家务,减轻这个家的负担。半个月后,她返回上海。林徽因无法前去送行,王孟瑜也不曾回头。她们是年少的姐妹,彼此的话仿佛在少女时期都已说完,此时的她们,岁月沧桑,相对无言,只剩下深深的时光轮廓,将熟悉的两个人恍若变成了陌生人。可林徽因知道,表姐没有回头,是因为她并不想让她看见她脸上的难过——她知道自己是那么要强的一个人,最害怕看见旁人脸上的同情和怜悯。

在表姐离去的晚上,她强撑着病体,拧开台灯微弱的光,就着哀伤写了一首诗:

当我去了，还有没说完的话，

好像客人去后杯里留下的茶；

说的时候，同喝的机会，都已错过，

主客黯然，可不必再去惋惜它。

如果有点感伤，你把脸掉向窗外，

落日将尽时，西天上，总还留有晚霞。

一切小小的留恋算不得罪过，

将尽未尽的衷曲也是常情。

你原谅我有一堆心绪上的闪躲，

黄昏时承认的，否认等不到天明；

有些话自己也还不曾说透，

他人的了解是来自直觉的会心。

当我去了，还有没说完的话，

像钟敲过后，时间在悬空里暂挂，

你有理由等待更美好的继续；

对忽然的终止，你有理由惧怕。

但原谅吧，我的话语永远不能完全，

亘古到今情感的矛盾做成了嘶哑。

——林徽因《写给我的大姐》

字里行间，已经不仅仅是自伤的意味，却是带着淡淡的哀恸，油尽灯枯，悲痛难以抑制。她早已洞悉了自己的宿命，早在重庆时，就有医生预言自己绝对挨不过五年。现在她还有多少时光呢？一年，两年……那样短暂的时光，仿佛连自己都能看得到尽头。过往如流沙，匆匆消失在指尖，她想要紧握，流失的速度却依旧不紧不慢。

1947年，得知林徽因病情加重的梁思成匆匆结束了手头的工作，赶回国内。在美国的一年，他做出的事情足以名留史册。他不仅在耶鲁讲学，同时被国民政府外交部推荐成为联合国大厦建筑师顾问团的一员，不少地位极高的美国人劝说他留在美国，同时提出了极其优厚的待遇，都被他婉言谢绝。他说，他和他的家人，都只想留在中国。不管这个国家多么动荡不安和贫困，他们都是她的儿女。

林徽因的肺病已是晚期，结核转移到了肾脏，手术已是迫在眉睫。然而，手术前，她一直低烧不断，医生不得不建议将手术推迟直至她身体稍微好转。在丈夫的照顾下，林徽因住进了西四牌楼的中央医院，这是一幢集民国、巴洛克风格于一体的四层建筑。手术被安排在12月，林徽因预感到自己命不久矣，为了以防万一，她给远在美国的好友费慰梅写了一封诀别书：

> 再见，我最亲爱的慰梅。要是你忽然间降临，送给我一束鲜花，还带来一大套废话和欢笑该有多好。

次日，她带着淡淡的笑容，无声地与丈夫诀别。如若她不幸去了，那么他一定要保重自己，善待自己，将一双儿女养育成人。她不怕自己不够勇敢，只怕自己不够幸运。然而幸运的是，手术顺利进行，她的一侧肾脏被切除——她活了下来。

与她好转的身体相反的是全国的动乱。内战迫在眉睫，蒋家王朝气数已尽，解放顺理成章。北平解放前夕，许多名流和知识分子都开始准备离开中国，清华大学也对是否要迁校问题进行了讨论，最后在大部分师生的反对下，决定依旧留在北平。与此同时，解放军派出的人也来到梁思成家中，拿出地图，请他在北平需要保护的文物上画下圈，保证决不会动这些文物一砖一瓦。

共产党的这些举措同国民党混乱的内政相比，让林徽因夫妇看到了新生的光明。他们决定留在北平，和清华师生一起迎接解放的曙光。1949年1月，不费一兵一卒，北平得以和平解放。

春风吹来，唤醒新生的力量。一切都是新的，人们脸上也开始洋溢着轻松笑容。这种变化也发生在梁家。新中国成立后的林徽因在清华大学担任一级教授，主讲市井设计课，这可以说是国内最早的城市规划设计雏形。而针对国内情形，她结合实际，很符合战后重建的需要，讲建筑，也讲人文，还讲人心。而在北大念书的再冰，和张奚若的女儿一起参加了南下工作。林徽因并不舍得女儿离开，一个女儿家，千里迢迢地离开父母去吃苦，做母亲的，又怎么能不担忧呢？

其实她最害怕的是这次和女儿的分别，说不定会是永诀。

她很明白自己的身体，虽然手术成功了，但身体终究是如残破的树木，再也焕发不出新的生机。她担忧，女儿远在千里之外，最后竟不能见自己的最后一面。然而，当她看见她穿着厚厚的棉军服、戴着灰色军帽，站在送别的人群里没心没肺地笑着的样子，再多的忧虑也因此淡然。她走上前去，深深地拥抱自己的孩子。

像当年，她的母亲也这样满怀忧虑不安，舍不得，又不得不舍得地送她去远渡重洋。孩子总是要长大，总是要有自己的天空，天高海阔，总是要让他们自己去闯荡。未来毕竟是属于他们的。再冰走了，带着满满的希望，也带着她满满的祝福走了。留下病弱的母亲，守望着那片天空。

徽因·你是爱,是暖

昨夜的雨,下得湍急而浩荡,不绝于耳的雨声里,带着白虹贯日般的气势。雨急速地落在窗上,噼里啪啦地响,震出一连串连绵的回音,瞬间又淹没在更加快速的声音里。这场雨仿佛没有尽头。远处的屋瓦房梁在暗夜里缩成黑黝黝的剪影,幼小得宛如轻轻伸手,就可以掬一捧在手心,黑影间或被闪电短暂划亮,天地之间登时一片雪白,像老式照相机定格前的那个眨眼。夜雨里,适合追忆一些平日不敢触碰的往事,悲伤的,或欢喜的,沉重的,或宁静的。这种寂静的喧嚣,最适合用来冥想。

不知道,林徽因离去的那个夜晚,是否也是这样长久的雨夜,绵长的雨色,透着绵长的湿淋淋的悲哀。或许,那个晚上,是一个再平静不过的夜晚,只不过在每个人的心里,都下了一场哀伤的雨。那是1955年4月1日的晚上,这个如白莲一样洁净盛放的女子,安静地凋落下最后一片花瓣。

那年,她五十一岁。

波澜壮阔的岁月,无声地走到了尽头,最后一刻,林徽因安静地注视着这个世界。从万般娇宠的童年,走到不解世事娇憨无限的少女时期,人生的百般姿态,如银幕上的流光片影纷纷闪过,千帆过,万木生,这一生虽然短暂,却比活得更久的人们,都要值得驻足。她的心中没有遗憾,只因为她的一分一秒,都不曾肆意挥霍。

纵使是病染沉疴,她也不曾停下前进的脚步。1950年6月23日,在全国政协一届二次会议上,由梁思成和林徽因设计的国徽被通过。一时间,掌声如潮。林徽因坐在座位上,没有力气站起来答谢,虽然动了手术,但落下的病根却因为多年的积弱根本无法拔除,她的生命像是从死神手中偷来的,点点滴滴都无比珍贵。面对这样巨大的荣誉,她热泪盈眶。眼泪并不是为这荣誉而落,而是为了心中的理想,如今终于得到了世界的认可。对于一生都在追梦的人来说,没有什么比这个更加重要了。

也是这一年,她被任命为北京市都市计划委员会委员兼工程师。生命的时钟仿佛在低吟浅唱,默然进入了倒计时。或许此时,林徽因放下手中的一切,寻一处山清水秀的地方,休养生息,远离俗世和凡尘,只守着一片青山远钟。死亡,或许能够稍微延迟它无情的步伐，容这位诗意女子，再在这个缤纷美丽的世界上，栖息停留。

但没有或许，她不容许自己变成一个软弱无能的人，她还有时间，还有许多事情想要去做完。北京的海王村古文化市场，是当时林徽因和梁思成，以及一帮好友经常去的地方。从前，这里游人如织，摆满了古书古玩，有设在棚子里的，也有露天的，商贩和游客熙熙攘攘，热闹非凡。战争时期，这个市场凋零下来，直至新中国成立后，才逐渐恢复了以往的喧嚣。

新中国成立后，为了让林徽因出来散散心，梁思成也时常带她到海王村来。红尘之中，翩跹时候，总有那么一样物件，短短一瞥里就牵动某根心弦，斐然清唱，绽放出一曲难以忘怀。海王村给予了在生命尾声里的林徽因最后一份深爱。只是那么一眼，在满目的珠玉琳琅里，她只看见了那只景泰蓝花瓶，秀气、高贵、沉着、雍容。她的思绪忽然飘得很远。曾经，还是一个小女孩儿的她，在上海的爷爷家里，就看到过这样一只花瓶，连纹路都跟眼前的这一只如此相似。

她忍不住伸出手，轻轻摩挲花瓶上蜿蜒的花纹。触感是一种温润的冰冷，恍若透骨生香。这只花瓶，也是景泰蓝中的佳品，釉色浓厚而均匀，花色高贵而温柔。她喜欢极了。梁思成一见她喜欢，自然付钱买了下来。卖花瓶的是一位老者，他一边帮忙包装，一边叹息说，这门手艺也不知道能挨到什么时候，老天利和中兴这两个康熙年间的老厂子都快办不下去了，那些小厂子，恐怕就更加没法儿活了。

老者的话或许只是埋怨，然而林徽因却深深记住了。回到家里，她望着新买回的景泰蓝花瓶，那样端庄的美丽，延续了几百年，依旧散发出柔和骄傲的光泽。这样的艺术如果就此失传，那不知道该有多么可惜。她和梁思成商量，最后决定要为这门濒临失传的艺术，做一些力所能及的事情。他们在清华营建系成立了一个美术小组，除了高庄和莫宗江两位大师级人物，还新纳入了三个年轻的小姑娘。三个小姑娘还都是第一次接触到景泰蓝，于是，林徽因拿出花瓶，娓娓道来地向她们介绍，景泰蓝也叫铜胎掐丝珐琅，是北京极有名的特种工艺品，它最早出现在唐代，在明朝景泰年间达到顶端，因为它的主体颜色主要是孔雀蓝色釉料，因此得名。造型美、花纹细、色彩绚丽是景泰蓝的三大特点。而它的雍容华贵和端庄美丽的艺术风格，早已深入人心。

为了挽救景泰蓝，林徽因带着学生，拖着病体连着好几天跑了几个生产景泰蓝的小厂。这些工厂大多数面临着严重危机，这不仅因为后继无人，也因为百年来生产模式的单一、创新力的极度匮乏以及缺乏对市场的了解。在几天的考察之后，林徽因认为景泰蓝工厂应该改变生产模式，同时他们应该编纂一部中国历代图案集，以便推陈出新，根据市场需求随时调整工艺。此时，她已病得再无力气奔走，然而在病床上，心心念念的依旧是景泰蓝的生产。厂子里的几个老师傅看在眼里，深受感动，主动要求拿着新做出的成品，到林徽因家中接受指导。这样，她就不必两头奔波。

于是，就这样在一次又一次的奔走之间，这门传统工艺在众人的努力下，焕发出新生命力。在林徽因的帮助下，工厂的师傅们还设计出一套以敦煌飞天为题材的景泰蓝产品。缘于一次因缘巧合，梁氏夫妇的旧友常书鸿在北京举办敦煌艺术展，得知消息的林徽因立即组织大家去捧场。这个艺术展，受惠于梁思成诸多。早在常书鸿从法国留学归来后，梁思成就曾建议他去敦煌研究敦煌艺术，等常书鸿来到敦煌后，梁思成也给予他多次援助。

在展览中，有许多是常书鸿临摹敦煌壁画的作品。林徽因站在这些画前，深深地被这古老的艺术震撼了。北魏时期的《狩猎图》、隋代的《供养人与牛车》、唐代的《飞天》和反弹琵琶的《乐伎》……伟大而绚丽的艺术，穿过千年漫长的时光，穿过敦煌浩瀚的风沙，面目清澈地出现在众人眼前，恍如轻轻旋转，在每个人生命中，刻下了浓墨重彩的一笔。

在众多壁画中，林徽因最挚爱和感动的，还是飞天壁画。灵动的姿态，飘逸的裙角，宛如烟云散去，霞光柔坠，满壁生辉。生命的灵秀和动人就蕴藏在飞舞的衣袂间，就游走在遍开的浮云里。回到家中后，她深受启发，和莫宗江一起绘制出飞天图案，送到景泰蓝工厂，烧制出来，造就了一批艺术和技艺完美结合的作品。

这批景泰蓝作品，被作为礼物送给了苏联文化代表团，凝聚着新生的景泰蓝，以这种方式走出国界线，走向更加遥远辽阔的世界，比以往更加璀璨动人的美丽，惊艳着世间。景泰蓝获得了它的新生，然而，林徽因却像是流星，迅速地却也是耀眼地向衰弱走去。

1955年3月，林徽因因病情加重住进医院。梁思成工作繁忙，可也经常前来探望。他给她带来她最喜欢的诗集，柔声轻诵安慰衰弱的妻子——这是沉重的病中，她唯一的安慰。然而没过多久，梁思成也因肺结核住院治疗，两人病房挨着，一墙之隔，却如天堑。相守了近三十年的两个人，在生命的最后，唯有靠一张张字条，承载起所有无奈和不舍。

女儿、儿子都分别请假前来看护，林徽因的病情却直转而下。她连着几天高烧不退，肺部严重感染，纵使医院用尽全力进行抢救，依旧无力回天。医院发出了病危通知书，在4月1日的凌晨，这双美丽的眼睛，终究轻轻合上了。

云水浊世，她是这个世界里悄然开出的一株白莲。婉转，静好，会因为世间的点滴诗意而感动，也会因为一份感动而奔走不息。她从未去计较值不值得，她的字典里，只有愿不愿意。她愿意去爱，于是便勇敢地深爱；她不愿因自己令谁伤心落泪，便决然转身；缭绕的烟火，没有染上她的莲衣，独特的芬芳，如梦盛开，在心间，也在云端。回忆到此，并非戛然而止，余韵依旧悠长，怀念仍在继续。

后记
可以开在温莎，也可以开在荒漠

有人告诉我，生命的长度是以脑死亡为终结的，生命的宽度，却是以灵魂的湮灭为终结的。我不知道人死了以后有没有灵魂，大约是有的，存活在人们的心里，淡淡的，时而忧郁时而娇艳的，总归是在不经意间，就令人要惦念起来的。

总在心里为某个人留一个位置，不管他生或死，我想，那大概就是灵魂存在的方式。

林徽因的灵魂，也是以这种方式，存在于很多人的心里。

她是一个很奇特的女子。不是说她的诗写得多好，也不是说她的建筑设计得多么巧妙。当然，作为一位诗人，她是成功的；作为一名建筑师，她的所作所为，也是留名青史的。然而，她的奇特，更在于这是一位娇嫩而坚韧、柔弱而勇敢的女子。

生在富贵的书香门第,这个处于中西撞击时期的家庭,最大限度地给予她自由和宽容。她接受了源自祖先的中式教育,如无意外,她将会是一位大家闺秀,守在深闺,任由时光渐渐将少女的温柔变作女人的慈柔。然而,时代赋予了她截然不同的命运,深受父亲喜爱的她随父远行,看见了一个更辽远的世界——那样的不同,那样地深深吸引住她。为此改变的,其实是思想,思想改变了,命运也就随之焕然了。

可以行走过那么多地方,在脉脉红尘里来去自如,光是这两点,就足以令林徽因成为女人们所羡慕的女人。于是,也有人酸葡萄一样说,林徽因不过是倚仗着门第罢了。如若没有林家的长年积累,她读不了书,作不了诗,去不了欧洲,也爱不了徐志摩和遇不到梁思成。诚然,家庭出身如斯重要,没有这个必要条件,仿佛再多的充要条件都是浮云。可她们不曾想过,林徽因为何是林徽因,而非张幼仪,也非陆小曼,更不是张爱玲和冰心,她们的家庭出身,也不见得差到哪里去。

一个人成为一个人,都具备独特的光。林徽因如是,张爱玲亦如是。后来,林徽因辗转在烟火战乱里,憔悴了容颜,粗粝了时光,孱弱了身体,然而她的心,却是依旧。她可以享受富贵带来的优渥,也可以承受磨难给予的痛苦。不论是在康桥,还是在李庄,她都是那个独一无二、令人念念不忘的林徽因。

所以说,林徽因是一位奇特的女子,也是一枝奇妙的花——她可以开在温莎城堡,也可以开在月黑风冷的荒漠。